SD選書 270

時のかたち

事物の歴史をめぐって

ジョージ・クブラー著
中谷礼仁、田中伸幸訳
加藤哲弘翻訳協力

鹿島出版会

マーティン・ハイネマンに捧げる

原注は各節末に示し、訳注は各頁に脚注で示した。
本文中の角括弧［　］は、訳者による補足を示す。

序文——象徴、形、持続

芸術は象徴的言語であるとカッシーラーは定義した。この偏った定義は、二〇世紀の美術研究を支配し続けてきた。それに伴い、芸術作品を象徴的表現としてとらえる考えにもとづいた新しい文化史が生み出されていった。こうして芸術は、歴史のなかの芸術以外の部分と結びつけられたのである。

しかし、その代償は高くついている。私たちの注意がことごとく意味の研究に向いている間にもうひとつの美術の定義、つまり形の関係を系統的にとらえることがおろそかにされてしまったからだ。このもうひとつの定義は、意味を考察することと以上に重要である。これは、話し言葉が書き言葉よりも重要であるのと同じである。なぜならば、話し言葉は書き言葉に先立つものであり、書き言葉は話し言葉の特殊な発展形にすぎないからである。

形として美術をとらえるというこのもうひとつの定義は、もはや流行遅れとされている。しかし誰でも少し考えさえすれば、いかなる意味も形を持たなければ伝わらないということに思い至るだろう。どのような意味も、それを支えてくれたり運んでくれたり包んでくれたりするものを必要としている。それらは意味の運搬者であり、それらがなければ意味は私からあなたへ、あなたから私へ、あるいは自然界の一部から別の部分へとは伝わらない。

コミュニケーションにおいて形は、いかなる意味の伝達からも切り離すことができる。言語学において、形とは、音声（音素）と文法単位（形態素）であり、音楽では音色と音程であり、建築や彫刻では実体と空間であり、絵画では色調と色面である。

それら構成要素としての形は、意味とは切り離して知覚することができる。これは特に言語学からわかることだが、多かれ少なかれ、構成要素は時間の経過とともに、意味とは関係なく規則的に進化する。たとえば、同系言語の歴史のなかで生じるある種の音韻変化は規則的な変化を前提としてのみ説明できる。ある言語の初期段階に発生した「音素a」が後期段階において「音素b」となるとき、その変化は意味とは関係なくその言語の音韻構造を支配している規則にのみ従う。このような音素の変化はきわめて規則的で、いつ記録されたのかわからない言語的資料が持つ持続の時間的間隔を、計測用途にさえ使用できるほどである。

あらゆる芸術の形の構造にも、似たような秩序があるに違いない。しかしそこに象徴性の強い作品群が現れれば、その系統のなかでの形の規則的な進化に干渉し、混乱を生じさせることになるだろう。視覚的なイメージによる干渉はほとんどすべての芸術に存在している。このことは建築にも当てはまる。一般に建築は、イメージを表現しようとする意図を欠いていると思われているが、ある表現が次の表現へと導かれるときには、それが大昔のものであれ最近のものであれ、過去の名建築のイメージを典拠としている。

本書の目的は、シリーズやシークエンス[*1]のなかで持続する形態学的問題に注意を向けることにある。これらの問題は意味やイメージとは独立して生じる。これは、研究者たちが「単なるフォルマリスム」に背を向け、複雑にからみ合った象徴の歴史学的復元に向かって以来、四〇年以上にわたって誰も手をつけなかった問題である。

ここに記す考えの主な枠組みは、一九五九年一一月から一二月にかけて、コネチカット州ウォリングフォードのゲイロード・ファームで書き留めたものである。落ち着きのない入所者であった私の要望に思いやり深く応えてくれた家族や友人、ゲイロード・ファームのスタッフ、そしてイェール大学の同僚たちに感謝する。私はこの文章の大半を一九六〇年の初めにナポリで執筆した。そして、完成した草稿をその年の一一月にイェール大学出版に提出した。鋭い洞察力を持って草稿を読み、推敲のために貴重な提案をしてくれたイェール大学の同僚たち、チャールズ・セイモア・ジュニア教授、ジョージ・H・ハミルトン教授、サムナー・マックナイト・クロスビー教授、G・E・ハッチンソン教授、マーガレット・コリアー

＊1　本書の最重要用語。事物や出来事の時間的な連なりを指し、すでに完結して閉じたものをシリーズ、連鎖が続いているものをシークエンスとしている。ただし、両者をほとんど区別なく用いている場合もある。七四頁訳注参照。

教授、ジョージ・ハーシー教授、そして二〇年前のイェールでの私の教え子、ハーヴァード大学のジェイムズ・アッカーマン教授の助力をありがたく思う。出版にあたって援助を受けたイェール大学の成年研究者支援基金（Mature Scholars Fund）にも謝意を表する。

G・K

ニューヘイヴンにて

一九六一年五月一五日

時のかたち　目次

第一章　事物の歴史

芸術概念を、人間の手によってつくり出されたすべての事物に広げてみよう。世界中の実用的でないもの、美しいものや詩的なものに加えて、すべての道具や文章までも含めてみよう。こうした見地からは、人間がつくり出したものすべてがそのまま芸術の歴史と重なって見えてくるだろう。その次には、すべての人工物を把握するためのよりよい方法を考え出すことが早急に必要となる。そのための近道を見つけるには、実用的な見地からではなく、芸術から始めるとよい。もし実用からの考察を出発点にしてしまうと、すべての役に立たないものを見過ごしてしまうからだ。それに対して、事物の好ましさを出発点として考察を始めたならば、実用的なものも芸術と同様に多かれ少なかれ私たちが大切にしている事物であると適切に判断できるはずである。

実際、歴史の姿を映すものとして私たちが日常的に触れているのは、願望にかなうように生み出された人工物である。もちろん、人工物が願望に対応するという言い方には重複がある。人間の不活発な本能は欲望によってのみ克服できるのであり、望まれなければ何もつくられないからである。

このようにしてつくられた事物は、私たちが思っているよりも、はるかに正確に、時の流れていく様子を示している。そして、それらは制限の範囲内で形状の変化を起こしつつ時を満たしてゆく。甲殻類と同じように、私たちには生き延びるための外骨格が必要である。つまり確固たる過去の事物で満たされた長い歴史を持つ都市や建物に包まれている必要がある。しかし、このような視覚的に明確な過去を記述する私たちのやり方は、まだまだ洗練されているとはいえない。事物の系統的な研究は、イタリア・ルネサンスの芸術家たちの作品が伝記のなかに記述されるようになってから始まったもので、まだ五〇〇年も経ってはいない。一七五〇年以降になって初めて、この方法はあらゆる種類の事物を記述する際にも拡大適用されるようになった。今日では、考古学と民族学とが物質文明一般を扱い、一方で美術史は人間が生み出したもののなかでも最も実用的ではないが、最も表現力に富んだものを扱うこととなった。このようにして事物の体系は、かつて人々が考えていたよりもはるかに把握可能な集まりとして再認識され始めている。

　人間がつくり出したもののなかで、最も古くから残っているものは石器である。古代の石器から今日使われているものに至るまで、ひとつのシリーズが途切れずに続いてきた。このつながりは途中で何度も枝分かれをし、なかには絶えて行き止まりになるものもあった。職人の家系が途絶えたり文明が崩壊したときには、もちろんその連続のシークエンスはそこで途切れてしまう。しかしだからといって、事物の流れが完全に停止することは決してない。今つくられているもののすべては少し前につくられた何かを複製したものか、あるいは変形したものであり、そのようにしてさかのぼっていけば途切れることなく人類が登場した最初の夜明けにまでたどりつくことになる。そして、時のなかで続くこの結びつきには、さらに細かな区分が存在すると見なければならない。

時の流れという連続体を好きな長さに切り分けて歴史を語ることは歴史家の特権である。自分の切り分け方について歴史家が弁明する必要はない。歴史はどこででも同じように簡単に切り分けることができるし、語り手はどこでも好きなところから始めて物語をつくることができる。

しかし、ただの語り手であることに飽き足らない歴史家にとって重要なのは、出来事における異なったタイプを切り分けられるような裂け目を歴史のなかに発見することである[原注1]。多くの歴史家は、出来事を分類し在庫目録をつくれば、歴史の理解を広げることにつながるのではないかと考えた。一方、考古学者や人類学者の場合は、使用目的によって物を分類する。彼らはまず、物質文化と精神文化、つまり物質と観念とを切り離した。美術史家の場合は、実用的なものと美的なものを分け、その美的なものの方を類型、流派、様式などによって分類したのである。

数々の流派や様式は、一九世紀の美術史家たちが長年にわたって続けた在庫調査の成果である。しかしながら、この在庫調査が永遠に続くはずはない。理論的には、反論や異論の余地のない目録や一覧表ができ上がれば、在庫調査は終了する。しかし分類の際に、いくつかの用語が濫用されたために、その意味するところがまとまるどころかまるで癌やインフレーションのように膨張しているものがある。「様式（スタイル）」という言葉もそのひとつである。この語は、数え切れないほどさまざまな意味を持たされ、見聞可能なあらゆる出来事に使用されている。様式の基準のひとつは、アンリ・フォシヨンが定義したものだ。彼によれば、様式とは「高みをつないだ線（ligne des hauteurs）」、つまり、あらゆる時代の最高のモニュメントで構成されるヒマラヤ山脈のような峰々のことであって、芸術的価値の試金石であり原基となるものである。そしてもう一方の極には、広告コピーなどによる商業の密林《ジャングル》がある。そこでは、ガソリンやトイレット・ペーパーも「様式」を持つとされる。毎年恒例のファッションの流行も「様式」として提供される。私たちが慣れ親しんできた歴史学的な様式の領域は、これら両極の間に位置づけられる。そこでは、文化、国家、王朝、治世、地域、時代、技術、人、物などのすべてが様式を持っている。そして生物学の二項式分類の原則にならった、系統的とは言いがたい命名法（「中期ミノア様式」や「フランソワ一世様式」）のおかげで、あたかも秩序だった分類が成立しているかのような錯覚が起きている。

しかし、この配列法自体、安定したものではない。それらの分類名は、そのたった二項の関係においてさえ、いくつもの意味を持ってしまうからだ。それはときには事物の集まりの共通的特徴を意味し、またときには支配者や芸術家個人の特徴を示すこともある。前者の使われ方では、様式を年代順の配列にくることができない。共通項は遠く離れた場所や時代にも見出されることがあり、「ゴシック・マニエリスト」や「ヘレニズム・バロック」といった言い方が生まれてしまう。また後者の使われ方では、様式は内容ではなく時代によって定められている。さらに言えば、ひとりの芸術家の生涯にいくつもの様式が含まれることも多いので、個人と様式がぴったりと重なり合うわけではない。たとえば、「ルイ一六世様式」は一七八九年までの数十年間にわたって存続した。しかしこの用語では、この君主の統治下での芸術活動の多様さや、それらがどのように変化していったのかを明示することはできない。

様式についての考え方が複雑にからみ合ったこの迷宮によって、美術をめぐるおびただしい数の文献が生まれた。様式という概念のこのような曖昧さと矛盾は、美学的諸活動全体の鏡像なのである。様式という語は、時の流れのなかに存在する類型よりも、むしろ空間における特異な形状を記述する際に有効なのである[原注2]。

二〇世紀に入ると、諸経験を象徴的に解釈する思想の影響のもとで、それまでとは違った方向性を持った研究が登場した。それは、図像の類型を、歴史的変化を伴う象徴的表現だとみなす研究である。そこでは一七世紀の用語であるイコノロジーが復活した。近年に入ってからは科学史家たちが発見へと至る必要条件を執拗に調べ上げ、観念と事物を結びつけようとした。彼らの手法は、科学史上の発見がなされた瞬間を再構成することによって、出来事の始まりの瞬間を都合よく描き出そうとする点にある。

このような科学史やイコノロジー研究の手にかかると、発見の瞬間やそのあとに起こる連続的な変容は慣習的行動のように、あたかも予定されていたかのような現象として復元されてしまう。しかし、このようにして復元された変容の行程は、歴史の実体から起源とそれに続く主要な分節だけをとらえた輪郭にすぎない。本来、歴史の実体には構造があって、語り手の単なる思いつきではそれを区分することはできない。この考えを認めておきさえすれば、ここには他にも多くの注目に値する話題が多数浮かび上がってくるだろう。

無生物である事物は、遠い過去にも人間が確かに存在したのだということを教えてくれる最も確実な証拠であり続けている。にもかかわらず、この可視的過去についての記述には主として生物学的な隠喩が使われてきた。私たちは、ある芸術の「誕生」、ある様式の「一生」、ある流派の「死滅」、あるいは「開花」、「成熟」、「衰退」といった言葉をためらいもなく使いながら、芸術家の力量を言い表そうとする。その証拠を配列するときに習慣となっているこの方法は伝記的なものだ。これではまるで、伝記的な一単位がそれだけで学術研究の一単位となりえてしまうかのようである。そして、個々の伝記が集められて、地域ごとに取りまとめられたり（たとえば、「ウンブリア派」）、作風や成立地ごとにまとめられたりする

（「ローマのバロック」）。この方法は、おおむね類型や形態、分布にもとづいた生物学の分類法にならって漠然とパターン化されたものなのである。

［原注］

1　この本で扱う問題に私が関心を抱くようになったのは、故A・L・クローバーの著作と彼の人柄によるところが大きい。彼との手紙のやりとりが始まったのは一九三八年のことだった。ペルー南海岸のナスカの陶芸に関する彼の特筆すべき以下の研究（A・H・ゲイトンとの共同研究）を読んだ直後のことである。「ウーレのナスカ陶器コレクション」（『アメリカ考古学・民族学論集』第二四号、カリフォルニア大学、一九二七年／"The Uhle Pottery Collections from Nasca," *University of California Publications in American Archaeology and Ethnology*, 24 (1927)）。この研究は統計学的な分析であり、その前提となっているのは次の仮定である。すなわち、まず、同一の形態群において、単純なものは複雑なものへと置き換えられていく。すると、同じ形態群に属するが制作時期が不明な出土品同士を、形の相関関係をもとに、正確に年代順に配列することができるはずである。これに関しては、以下の文献および私の書評も参照されたい。A・L・クローバー「ナスカ様式の定義に関して」（『アメリカ考古学・民族学論集』第四三号、カリフォルニア大学、一九五六年、G・クブラー『アメリカ古代研究』二二（一九五七年）、三一九～二〇頁／A. L. Kroeber, "Toward Definition of the Nazca Style," *University of California Publications in American Archaeology and Ethnology*, 43 (1956); G. Kubler, *American Antiquity*, 22 (1957), 319–20）。クローバー教授はそのあとの以下の著作で、歴史上のさらに普遍的なパターン、ことに、どのような文明の歴史にも見られる特徴として、優れた業績が同時多発的に現れる現象を探究している。『文化成長の構造』(バークレー、一九四四年/*Configurations of Culture Growth* (Berkeley, 1944))。このテーマは、クローバー氏の主要な関心事として、そのあとに次のように題されて出版された講義録でも引き続き扱われている。『様式と文明』(イサカ、一九五六年/*Style and Civilizations* (Ithaca, 1956))。

生物学者であるG・E・ハッチンソンは、ある印象的な書評のなかで、クローバーの言う「構造(Configurations)」を、動物の個体群における内的変動あるいは自由変動と比較した。彼は、クローバーの著作を、個体群研究で用いられるような数式に委ねようとしたのである。この書評は次の文献に転載された。G・E・ハッチンソン『巡る象牙の塔』(ニューヘイヴン、一九五三年、七四~七七頁/G. E. Hutchinson, *The Itinerant Ivory Tower* (New Haven, 1953), pp. 74–77)。以下は、そこからの引用である。「*dN/dt* が最大になる時期(ここで、*N* は、パターンの飽和度を表す)に生まれた偉人は、多くの仕事をすることができる。彼の先駆者たちが技術上の初期発想を提供してくれるし、するべき仕事はまだたくさん残されている。もし彼がもう少しあとに生まれていれば、たとえ生まれつき同じ能力を持っていたとしても、それほど目立つことはなかっただろう。そこにはするべきことがあまり残されていないからである。逆に、もし早く生まれすぎていれば仕事はより困難だっただろう。彼は高い教養を持つ少数の批評家に高く評価される場合もあるだろうが、伝統の最大成長期に獲得するほどの広い支持を得ることはない。私たちがあとになって知ることができる興隆と衰退は、このように導関数曲線上の最大値に向かう動き、ないしは最大値からの動きとみなすことができるのである。生産品の総量を示す積分曲線は、個人の業績にはそれほど左右されない。個人の業績は蓄積的であり、その歴史的意味が一般に認められるのはそれほど簡単なことではない。なのに私たちは、たとえば、一六一六年を多くのエリザベス朝演劇が書かれた年としてよりも、シェイクスピアの没年として思い浮かべがちなのである」。

2

マイヤー・シャピロは、以下の文献のなかで、様式をめぐる現在の主要な理論に論評を加えた。"Style," *Anthropology Today* (Chicago, 1953), pp. 287–312（マイヤー・シャピロ、エルンスト・H・ゴンブリッチ『様式』細井雄介、板倉壽郎訳、中央公論美術出版、一九九七年所収）。しかし、彼の結論は次のようにやや悲観的である。「心理学的問題や歴史学的な問題に十分対応できるだけの様式理論は、まだこれから生み出されなければならない」。

伝記の限界

芸術家たちの伝記を著すことは、フィリッポ・ヴィラーニによって始められた。彼は一三八一年から翌年にかけて芸術家たちにまつわる逸話を収集し、伝記集としてまとめた。それ以来、伝記は芸術に関する著述のなかで、ひとつの「ジャンル」としての地位を確立することとなった。二〇世紀に入り、芸術家の伝記にはさらに証拠書類や文献資料が添付され、ますます膨大なものにふくらんでいった。そして伝記は、芸術家個人やその作品の大規模な目録を成立させるために欠くことのできないものとなった。伝記として美術史を書く人々にとって、歴史家に課せられた最終の目的とは、芸術家個人の成長の過程を再構成し、作品の真贋と由来を明らかにし、さらにはそれらの作品の意味するものについて論じることである。たとえばブルーノ・ゼヴィは、芸術家の伝記が若い芸術家を養成するうえで欠くことのできない道具であると賞賛している〔原注3〕。

彼のように考えるなら、芸術家たちが直面した課題の歴史や、彼らがそれを乗り越えてきた歴史を記述することは、実用的という面では正当化できるかもしれない。しかしそれはまた、美術史の価値を単に教育的な効用にとどめてしまうことにもなりかねない。長期的にみれば、伝記や作品目録といったものは通過点にすぎず、そこでは芸術における伝統が持つ連続的な性質はたやすく見過ごされてしまう。芸術の伝統は、伝記という断片だけでは適切に扱うことはできないのである。確かに伝記は、芸術家たちの実体を読み取る手段のひとつではある。しかし芸術家たちの生涯における歴史的課題を扱うのは伝記だけではない。これらの課題は、いつの時代であれ、芸術家たちが自身の誕生より前にあったものや彼らのあとに続くものとどのように関わるのかということについての問題だからである。

芸術家とその登場

伝記にもとづくシリーズに注目するのであれば、それがどのようなものであれ、ひとりの芸術家の生涯をひとつの研究単位とするのは当然のことである。しかしそれを美術史の主要な研究単位としてしまうのは、ある国の鉄道を、その国の鉄道の二、三の路線に乗ったことがあるたったひとりの旅行者の経験をもとに論じるようなものである。鉄道について正確に記述するために個人や地域の事情が軽視されるのはやむをえない。なぜなら、鉄道それ自体が複数の要素の連続体なのであって、その上に乗車している旅行者や鉄道員のことではないからである。

この鉄道の線路のたとえは、芸術家を語る際に役立つ考え方である。芸術家ひとりひとりが生涯に成し遂げる仕事は、その個人を超えて一方向ないしは両方向に延びていくシリーズのなかの仕事のひとつでもある。したがって個人の仕事は、その線路の上で彼がいる位置に左右される。このように個人の位置を決定するものとしては、慣例的となっている項目——すなわち個人の気質と彼が受けた訓練——の他に、「登場」の時期もまた重要である。登場とは、特定の伝統のなかで——その初期であれ中期であれ後期であれ——個人が歴史的人格として生まれる瞬間のことである。もちろん、特に近代においては、よりよい登場を求めて、個人が自ら伝統を変えることができるようになり、実際にそうする者もいる。一方でよい登場の機会に恵まれなければ、個人は、どのような気質を持ち何を修業してきたのかということとは無関係に、単なる模倣者のひとりとして自分の時間を浪費する危険にさらされる。この見地からは、ルネサンスの「万能の天才」たちのことをより単純にとらえることができる。彼らは、西洋文明の一大復興期という幸運な瞬間にあって、多くの新しい発展の軌道を自由に通行する資格を手に入れた。彼らはまた、あとの時代であれば要求されたであろう厳密な吟味や広範な自己宣伝などまったく気にすることもなく複数の路線にまたがって自由に移動する資格も得たのである。

「幸運な」登場をするか、「不運な」登場をするかは、そのような伝統内の経路を表すシークエンスにおける彼らの位置の問題のみにとどまらない。どのように登場するかは、生まれつきの気質がどのように特定の位置と結びつくのかにも左右される。すべての位置は、いわば一定範囲の気質がもたらす行為に向けて調律されている。したがって、ある特定の気質がそれに好都合な位置と噛み合えば、その幸運な個人は自分を取り巻く状況のなかからそれまでは想像もできなかったような豊かなものを引き出すことができる。それは他の個人にはできないことであり、また、当の本人でも時期が異なっていれば不可能なことだ。ゆえに、個人の誕生とは、彼の人生のなかで運命のふたつの車輪がうまく噛み合ったときだと言える。ひとつは個人の気質の割り当てを支配する車輪であり、もうひとつは、あるシークエンスへの登場をつかさどる車輪である。

才能と天才

こうしてみると、芸術家たちの間で大きく異なるのは才能ではなく、シークエンスへの登場の仕方やそのなかで占める位置である。才能とは、ある傾向を持つ素質のことを指す。才能ある弟子は、若くして仕事を始め、他の弟子よりも素早く伝統を習得する。その創意は、才能のない弟子たちに比べてはるかによどみなく溢れ出る。しかし、受けた教育や訓練がおのれの能力と噛み合わなかった人たちや、才能があったにもかかわらずそれを発揮できなかった人たちの間にも、見出されなかったたくさんの才能が存在する。個人の性質や傾向の種類は、おそらく、現実に就いた職業から私たちが想像するよりはるかに多い。才能ある人たちに共通する資質は、程度に関わるものではなく、その種類に関わる。つまり、個人の才能の度合いよりも、その才能が立ち現れるような種類であるかどうかが重要なのである。

レオナルドがラファエロよりも才能に恵まれていたかどうかを議論することには、あまり意味がない。両者ともに才能があった。ベルナルディーノ・ルイーニやジュリオ・ロマーノにもまた才能があった。しかし彼ら追随者たちは運が悪かった。彼らはやってくるのが遅かったのだ。もう宴は終わっていた。もちろんこれは、彼ら自身に落ち度があったからではない。名声のメカニズムでは先駆者の才能は誇張され、追随者の才能は過小評価されるのである。才能そのものに見た目の差はほとんどなく、あったとしてもその差異が広い範囲に及ぶことはない。時代や機会の方が才能の程度よりも、はるかに大きな差異を生む。

もちろん、才能を後押しするために不可欠な条件は他にもたくさんある。肉体的な活力や持続的な健康、集中力などは、芸術家が授かる幸運な贈り物のほんの一部である。しかし芸術的天才という概念は、一九世紀のロマン主義者の苦悩を経て、驚くほど変わってしまった。だから私たちは今日でも天才とは先天的な気質を指し、彼らは生まれついて種類が違う人種なのだと、深く考えることなく決めつけてしてしまう。だから、素質と状況とが偶然にもぴったりと合わさったことで例外的な能力を持った存在として天才をとらえることができないのである。

天才が遺伝によるものであるという明確な証拠はない。むしろ天才は、職業音楽家の家庭で育てられた養子のように、技術の習得に有利な状況のもとで誕生する。このことは、天才が遺伝によるものではなく、むしろ後天的な学習によってもたらされる現象だということを示している。

生物学の領域では、目的の介在する余地はない。しかし歴史学では目的がなければ意味を持たない。生物学的な考え方を歴史上の出来事に当てはめていたかつての痕跡は、今でも歴史家たちの言葉づかいのなかにたくさん残されている。しかしその際に、類型学（typology／分類と多様性についての研究）や形態学（morphology／形についての研究）の解釈も歪められてしまった。類型学や形態学といった生物学的な記述は、目的を説明するために考え出されたものではない。したがって、このような生物学的な考え方を用いて研究をする歴史家たちは、歴史学上の主要な目的自体を避けて通ることになってしまう。概して、歴史学の主要な目的とはある特有の問題を確定しそれを再構成することにある。どのような行動や事物も、その問題に対するひとつの解決を目指したものとして対応していなければならない。これらの問題は、論理的なものである場合も、ときには芸術的なものである場合もある。しかし、いずれにせよ人間によってつくり出された事物は、何らかの問題のなかから目的にかなったひとつの解決策として生じるのだということに間違いはなさそうである。

生物学的隠喩と物理学的隠喩

教育という目的にどれほど役に立つとしても、生物学的な隠喩を用いること、つまり様式を生命活動の諸段階のシークエンスにたとえることは、歴史学においては誤解を招きやすい。というのもこのたとえによって、出来事の流れが生き物の形や行動をまとってしまうからである。たとえば、ライフサイクルという用語を使えば、様式はまるで植物のようにふるまうことになる。葉は、成長の初期には小さく、ためらいがちな形をしている。壮年期にさしかかるころには、見るからに元気な形となる。そして葉の最期は、再び小さくなり入り組んだ形態をとる。これらすべては、変わることのないたったひとつの原理に支えられている。環境の違いによっていくらかの変種を生みながらも、この原理はこの種に属するあらゆる個体に共通したものだとされるのである。このようにして生物学的な隠喩を使って芸術や歴史を考えるなら、様式は種であり、歴史上のさまざまな様式は分類上の変種にすぎなくなる。その結果、この隠喩によって出来事における反復的事象の存在がおおまかには承認され、仮説とはいえ少なくとも説明のつくものとされる。しかしこのとき、個々の出来事は、以前にはなく、そしてそのあとも二度と繰り返されることのない「唯一のもの」として扱われることはない。

生物学的なモデルは、事物の歴史を説明するのに最適の方法ではなかった。もしかすると、広く普及している生物学的な隠喩よりも、むしろ物理科学から取り出した隠喩体系の方が芸術の状況をより適切に語ってくれるだろう。芸術におけるある種のエネルギーの伝達、たとえば、衝撃や力の発生する中心、中継点、あるいは伝達中のエネルギーの増加や損失、さらには回路内での抵抗や変換などについて語ろうとするのであれば、なおさらである。つまり、電気力学の用語の方が、植物学の用語よりも私たちには好都合だったかもしれない。物質文化の研究には、リンネよりもマイケル・ファラデーの方が助言者としては適任者だったのかもしれないのだ。

「事物の歴史」という言い方をここで選んだのは、少しばかり遠回しな表現を使って物質文化という不適切な言葉の代わりとしただけではない。物質文化という用語は、人類学者たちによって、観念、つまり「精神文化」と人工物を区別するために用いられている。しかし「事物の歴史」という語が意図するのは、目に見える形という表題のもとに、観念と物質とをもう一度結び合わせることである。この用語には、雑多な人工物と芸術作品、複製物とたったひとつしかないもの、道具と表現に富んだもの、これら両極のすべてが含まれている。端的に言うとこの語は、時間的推移のシークエンスのなかで展開する一連の観念に導かれた、人類によってつくり出されるあらゆるものを含んでいる。これらすべての事物において、時のかたちが姿を現す。部族、階級、共同体など何であれ、ある集団がその同一性を目に見えるように映すもの、いわば自らの肖像が現れる。事物に映し出されたこの自己の肖像は、未来の集団にとっての指針となり、参照基準となる。そしていつか、それは後世の人たちにも伝えられる肖像となる。

美術史も科学史も、一八世紀ヨーロッパの啓蒙主義時代の学術という共通の、しかも比較的最近の起源を持っている。しかし芸術を科学から切り離す私たちの習慣は、それよりもはるか昔にさかのぼる。そこでは、古代から自由学芸と応用技術（liberal and mechanical arts）とを区別する習慣が受け継がれている。この分離はきわめて残念な結果を招いてきた。芸術と科学に共通している発展過程を同一の歴史的視点で見渡すことに私たちが抱く不信感は、根強く残るその最たるものだ。

科学者と芸術家

今日ではよく指摘されることだが、違った流派に属するふたりの画家は互いに学び合うものがないだけではなく、それぞれの作品について寛大に意見を取り交わすことさえできない。同じことは、専攻分野が異なる化学者や生物学者の間にも言えることだろう。同じ職に就く者の間でさえも、このようにお互いを締め出し合うようなやり方がはびこっているとすれば、画家と物理学者の間の意思疎通などどうして考えられるだろうか。当然、両者の間の意思の疎通など皆無に等しい。芸術の歴史と科学の歴史が再び歩み寄ることの有用性は、時のなかで共有されている芸術家と科学者の即物的な作業（material works）、つまりは考案、変化、老朽化といった共通する特性を表出させることにある。たとえば、蒸気機関、電気、内燃機関など、エネルギー利用の歴史のなかのわかりやすい事例をみれば、そこに生産と廃絶のリズムがあることがわかる。このリズムは、芸術の歴史を学ぶ者にも馴染みがあるものだ。科学と芸術はともに、その知性と手腕で要求を満たすものをつくり出して信頼を得ている。道具や工具も、表象や表現もすべて必要に応えるものであり、それらすべてが物として存在するためには、デザインという過程を経なければならない。

初期の実験科学は、ルネサンスの芸術家たちのアトリエや作業場と密接に関係していた。一方で、当時の芸術家は、君主や高位聖職者たちの趣味嗜好をつくり上げる立場にあり、その彼らと並ぶような地位に就くことを強く望んでいた。今日においては、芸術家は再び明らかに職人として存在し、道具を使う人間、すなわちホモ・ファーベルという特徴ある人間集団に属している。その使命は、そこにある素材に形を与え、それを永遠に革新し続けることである。つまり、職人としての科学者と芸術家は、他の何にも増してお互いよく似ている。ただ、私たちが事物の世界における出来事の性質を論じるうえで、科学と芸術との差異はそれほど簡単に縮小できるものではない。それは、理性と感情、必然と自由の差異くらい大きい。確かに、用と美を結びつける共通の傾向がないわけではない。しかしこの両者の間には、互いに相容れることのない差異がある。美術作品として十分に説明ができるような道具は存在しないし、逆もまた同じである。道具というものは、その仕組みがどれほど精巧なものであろうと、本質的には常に単純なものだ。一方で美術作品は、交錯する意図がもたらす多くの段階や水準が複雑に組み合わさった複合体であり、与える印象がどれほど単純だとしても、その本質は常に複雑である。

おそらく一九五〇年以前にはなかったことだが、近年、ヨーロッパやアメリカでは、美術史の分野において重要な位置を占めるような様式を新たに発見する可能性がほとんど尽きてしまった。ヨハン・ヨアヒム・ヴィンケルマン以来、どの世代の人々も、美術史のなかに自分たちだけの特別保護区を確保することができた。しかし今日、そのような保護区が残っている保証はない。まず、他の表現方法を犠牲にすることですべての賛辞を自身に集めたのは、古典主義美術が最初だった。次のロマン主義の世代は、ゴシック美術を再び持ち出して崇拝した。世紀末の建築家や装飾家たちのなかには、帝政ローマ期の美術を復権させた者もいる。一方で倦怠感に満ちた植物的表現のアール・ヌーヴォーが生み出されたかと思えば、他方では未開美術や原始美術を志向した反逆者もいた。文明化された様式に従う世代と野性的な様相を示す世代が交互に繰り返されるというこれら一種の法則によって、次世代はバロックやロココに注目した。この世代は、第一次世界大戦という大量殺戮にさらされた世代でもあった。たとえば、一九三〇年代に燃え盛った一六世紀のマニエリスム趣味の復興は、大きな社会的混乱とたまたま時期が重なっただけではない。この傾向は、宗教改革の時代と、不況と民衆扇動の時代に生きた人々の間にあった歴史上の共鳴を示してもいる［原注4］。それ以降は同時代の芸術以外には発見すべきものがもう何も残されてはいなかった。美術史の引き出しは最後のひとつまでひっくり返され、教育省や観光省の目録への記載は完了したのである。

もう完成も近いと見えて、美術年鑑には、端的に、毎年同じ状況が繰り返し掲載されている。この専門家たちをうんざりさせる記録の飽和状態の対極には、プラトンが解剖したソクラテスとイオンの対話のような、吟遊詩人的表現がある。うぬぼれの強い吟唱者であるイオンは、ホメロス以外のどの詩人にももう飽きてしまったと自身の知識をひけらかした。ソクラテスはそれに答えて言う。「あなたの話を聞いている人たちは、私がさきほど説明した、あの磁石の力でつながっている鎖の最後の指輪なのです。あなたがたのような吟唱詩人や役者たちは中間の指輪、そして一番最初の指輪が詩人です」［原注5］。

歴史の飽和状態をいつまでも消化できないのであれば、芸術の美を伝えることなどできるものではない。吟唱者自身が実際に芸術作品を体験したというのであれば、その体験へと至る二、三の糸口を示すこともできるだろう。吟唱者は、彼の与える手がかりによって彼の感動したときと同じ感覚や精神状態が聴衆のなかにも再現されることを期待するかもしれない。しかし彼は、自分と同じ道を進む準備のできていない人には何も伝えることはできない。また彼自身も、それがどれほど魅力のある領域であったとしても、自分自身の経験を超えてまで、それに従うことはできない。これに対して歴史家は、この吟唱者のような中間の環を構成するわけではない。その使命は別のところにある。

〔原注〕

3　ゼヴィは、イタリアの若い建築史家を代表する人物である。彼は、美術事典の、一冊の本に匹敵する長さの「建築」の項で次のように述べている（イタリアの美術百科事典の英語版に掲載。*Encyclopedia of World Art*, 1 (New York, 1959), cols. 683–84）。近年、ヨーロッパの美術教育では、美術史と工房や製図室での仕事が結びつけられるようになった。しかしこの結びつきは、歴史家たちが芸術そのものに対する古くからの誤解から抜け出したことによって、また、歴史家たちが「同時代の芸術家たちの創造的経験に対して、進んで批評的支援を行う」ようになったことで生じた。ゼヴィによれば、歴史的原理にもとづいた芸術教育を築き上げるという課題は、ヨーロッパとアメリカにおける「一九五〇年代の最も強力な文化闘争のひとつ」に他ならない。アメリカでは、この文化闘争には決着がついていない。しかしこの闘争はまったく無駄なものだった。それがいまだに続いているというのも実に愚かしいことである。

4　一九三五年に書かれた次の論文のなかで、ユリウス・フォン・シュロッサーは、近代のマニエリスムに言及し、それは「今日の我々の退廃した社会のなかの複製者や模倣者たち、あるいは工業的なもの」によって広められたのだ、と実感を込めて述べている。「造形芸術の『様式史』と『言語史』」(『バイエルン科学アカデミー会議報告集』三一／Julius von Schlosser, "'Stilgeschichte' und 'Sprachgeschichte' der bildenden Kunst," *Sitzungsberichte der bayrischen Akademie der Wissenschaften*, 31)。

5 「イオン」ジョーエット版『プラトン対話集』(ニューヨーク、一八九二年、一／*Ion*, tr. Jowett, *Dialogues of Plato* (New York, 1892), vol. 1／『プラトン全集』一〇、森進一訳、岩波書店、一九七五年所収)

歴史家の責務

歴史家がなす特別な貢献とは、何よりもまず多岐にわたる時のかたちを見つけ出すことである。その専門分野が何であれ、歴史家の目標とは時を描くことにある。歴史家は時のかたちを探索し記述することに身を捧げる。歴史家はその形を写し取り、並べ替え、簡略化し、組み立て、彩色を施す。その姿は、題材の本質が何であるのかを探究する画家に似ている。彼は、新しい方法で知覚した主題を伝えているうちに、新しい認識へと至る彼にしかないパターンを発見するはずである。最新の音楽の作曲者とその演奏者が異なるように、歴史家は古美術収集家や好事家とは異なる。歴史家は伝統からひとつの意味を紡ぎ出すが、古美術収集家は過去の曖昧な一部分をすでにどこかで見たような形につくり変え、それを再演するだけである。一方、歴史家は年代記編者や年代記作家ではないのだから、扱う対象が存在した時代にはむしろ見えなかったパターン、彼が見抜くまでは誰にも知られていなかったパターンを世に知らせるのである。

時のかたちを描き出すためには、単純に生物学から借用した類推ではなく、もっと別の尺度が必要となる。生物学的な時間は、統計的に予測可能な長さを持った一続きの持続単位で構成されている。つまり、生物の各個体は、誕生から死までの「予測された」寿命を生きる。しかし、歴史的な時間の方は断続的であり変化しやすい。一つひとつの行為も、連続的というよりも断続的に起こることが多い。また、行為と行為の間隔もそれら持続の長さや内容においてどこまでも可変的である。行為の終わりと始まりを確定することもまた難しい。行為の頻度に粗密があるおかげで、何とか私たちは客観的に、ある程度の始まりや終わりを示すことができるのだ。出来事とその間隔は、歴史的時間のパターンをつくるための要素である。生物学的時間は「生命」と呼ばれる持続的な出来事を含んでいる。またそこには種や種の集まりが形成する社会的組織も含まれている。しかし、生物学が出来事と出来事の間の時間的間隔に関心を向けることはない。一方で歴史的時間においては、間隔、つまり存在と存在の間に出来事が縦横に網を張りめぐらせている。それこそが私たちの興味を引きつけている。

時間は、心と同じように、そのものとしては認識ができない。そのなかで起こる事柄によって、私たちは間接的に時を知る。つまり、私たちは変化と永続性を観察することにより、言い換えれば、安定した環境のなかでの出来事の連続性を見守ったり、さまざまな変化の速さの違いに注目したりすることにより時を知る。文献資料から得られるのは、世界のごく限られた地域でのごく薄いごく新しい過去の記録だけである。概して古い時代についての私たちの知識は、そこに肉体を持った人間が生物として存在したことを示す視覚的な証拠にもとづく。したがって、連続するあらゆる種類の美術作品をそれぞれ異なるままに配列する技術的方法があれば、書かれた記録と重なり合って、時を計るためのより精密な尺度ができ上がるだろう。

現在の私たちのもとには、木材の年輪や地質による絶対的な年代確定法がある。しかし以前にも驚くほど正確な計測法があった。それは、事物の配列と比較にもとづいて相対的な年代を推測する方法である。このいわば、文化時計は、すべての物理的方法に先んじる方法だった。最新の絶対的計測法を用いても、その確証には、要素が混在すればするほど、文化的側面での補完を必要とする。それに対して、文化時計はほぼ同じくらい正確で、より綿密な測定ができる方法である。

とはいえ、文化時計も、主として廃物の集積や最終処理場、あるいは見捨てられた都市や地中に埋没した集落から発掘された物質の壊れた破片をもとに「作動」する。つまり、物質的な芸術のみが今まで生き残ってきた。それに対して、たとえば音楽や舞踊、演説や儀式などの一時的表現である芸術については、孤立した部族がその伝統を受け継いでいた場合は例外として、現実的には地中海世界の外に既知のものは何もない。したがって、過去の人々の生活に関する証拠のうち有効なものはほぼすべて視覚的な秩序にもとづいている。それは時間や音ではなく、物質や空間に存在する。

人類の過去についての知識を広げるにあたって、私たちは人がつくり出してきたもののうち大部分に関し、目に見えるものに依存している。ここで、絶対的な実用と絶対的な芸術との間に連続性があると想定してみよう。純粋な両極端は私たちの想像のなかにしか存在せず、人間のつくり出すものには実用と芸術の両者がいつもさまざまな割合で混ざり合っている。この両者が混合していないものなど考えられない。考古学の研究では一般に、文明に関する情報を目的として実用性を抽出する。一方で芸術の研究では人類の経験全般の本質的な意味を目的として質に関する事柄を強調するのである。

芸術の区分

一七世紀における学術上の純粋芸術（fine arts）と工芸（useful arts）との分離は、一九世紀後半には流行遅れとなった。一八八〇年ころからは「純粋芸術」という概念にはブルジョワのレッテルが貼られ、一九〇〇年以降には民衆芸術や地方様式、素朴な工芸などが二〇世紀の政治思想である民主主義からの評価を得ることで、宮廷様式や大都市の流派と同等の価値があると考えられるようになった。くわえて、工業デザインの提唱者たちは普遍的でよいデザインの必要性を提唱し、芸術作品と実用品という二重の審査基準を持つことに反対した。これらの非難のせいで、「純粋芸術」という言葉は一九二〇年ころには使われなくなった。このようにして美的統合の概念はあらゆる人工物を包含できるようになり、他を犠牲にした高尚化は廃れてしまった。

しかし、こういったさまざまな芸術を平等に評価しようという教義は、内容に関する多くの重要な差異を消してしまった。近代デザインの流派においては、建築も梱包も「被覆（envelope）」という表題のもとにひとまとめにされてしまいがちである。同じように彫刻はあらゆる種類の小さな固体や容器のデザインを呑み込み、また絵画の領域は織物や印刷物などさまざまな種類の平らな形態や平面を含むまでに膨張した。この幾何学的体系は、用途との関係には頓着せず、またあらゆる芸術を「主流（fine）」か「傍流（minor）」か、「実用的」か「非実用的」かによって区別する伝統にも関心を払うことがない。すべての視覚芸術を「被覆」や「固体」、「平面」に分類してしまうのである。

私たちの目的のためには、急いでふたつの区分けを付け加えておくべきだ。ひとつは、伝統的な工芸教育と芸術的創造とを隔てる大きな差異である。工芸教育が反復的行為のみを要求するのに対し、芸術的創造は慣例のすべてから距離を置くことに依拠している。工芸教育は見習いの集団が画一的行為を実行する活動であるのに対して、芸術的創造は個々人の孤独な努力を必要とする。この区分を念頭に置いておこう。なぜなら、異なる工芸分野の芸術家たちは、デザインに関しては意思の疎通ができるが、技術的問題に関してはそれができないからだ。織物の職人が、陶芸家の轆轤《ろくろ》や窯から織機や縫糸について学ぶことはない。つまり、工芸の教育は、その分野の器具を用いてなされなければならない。自身の道具を使いこなせるようになってこそ、工芸家は他の工芸分野のデザイン上の質や効果を判断し、彼自身の新しい解決へとつながるような刺激を受けることができる。

ふたつめの区分は、芸術の実践において枝分かれしていった各分野がそれぞれに持つ実用的であるか美的であるかという性質の区別に関わるものである。建築やそれに類する工芸においては、その工夫が表現を目的としてどれほど大胆に適用されても、建造物は伝統的な技術的修練と切り離せない。建築は生来的に合理的で実利的である。同様に彫刻や絵画においても、作品ごとに決まった技法と工芸上の慣習があり、それらによって表現と形態が組み合わせられる。加えて、彫刻や絵画には建築に比べて、識別可能なメッセージを具体的に伝えるという特徴がある。彫刻や絵画においては意味伝達、言い換えれば図像による主題表現が、どのような美的作品においてもその実用的で合理的な下部構造を形成しているのである。このように構造、技術、図像表現はすべて「純粋」芸術を支える非芸術的な土台となっている。

肝心なのは、芸術作品と呼べるほどに洗練された道具も多いとはいえ、芸術作品は道具ではないということである。芸術作品は、道具としての使用目的が優勢でないとき、そして技術的、合理的な基盤が目立たないときにのみ現れる。ものの技術的組成や合理的秩序ばかりが目につくとき、それは実用の対象になる。この点に関して、一八世紀に、必要性のみが美しいと宣言していたカルロ・ロードリは、二〇世紀の狂信的な機能主義者たちを予見していた〔原注6〕。しかし、カントは同じ論点についてロードリよりも正確に述べている。カントによると、ものは必要とされるように なれば、それを美しいと判断することができなくなる。必要とされるものは、ただ適切であるとか整合的であると判断されるだけなのだ〔原注7〕。簡単にいえば、道具は役に立つが、芸術作品は役に立たない。道具はどこにでもあり代替的なものだが、芸術作品は唯一無二で取り替えのきかないものである。

〔原注〕

6　エミール・カウフマン『理性の時代の建築』(マサチューセッツ州ケンブリッジ、一九五五年、九五〜一〇〇頁/Emil Kaufmann, *Architecture in the Age of Reason* (Cambridge, Mass., 1955), pp. 95–100) を参照。

7　パウル・メンツァー「カント美学とその展開」(『ドイツの在ベルリン科学アカデミーの学術論文集、一九五〇年度社会科学分野』一九五二年/Paul Menzer, "Kants Ästhetik in ihrer Entwicklung," *Abhandlungen der deutschen Akademie der Wissenschaften zu Berlin, Kl. für Gesellschaftswissenschaften*, Jahrgang 1950 (1952))

現在性の本質

「過去は現在を知ることだけに役立つ。しかし、その現在は私をすり抜けていく。『いったい現在とは何であるのか』」。この問いは、私の師であるアンリ・フォシヨンの人生において究極の、そして最も重要なものであった。それは何年もの間彼にとりついて離れなかった。とりわけ一九四〇年から、ニューヘイヴンで亡くなる一九四三年までの暗く絶望的な日々[*1]においてはそうであった。以来ずっと、私もまたこの疑問を抱き続けてきた。そしてこの問いに答えがあるとしたら、私はその解決にいまだ一向に近づいていないようである。

　現在性とは、灯台からの閃光と閃光の合間にできる暗闇であり、時計の針がカチッカチッと時を刻むその瞬間であり、永遠に時の間をすり抜ける空虚な間隔であり、過去と未来の裂け目であり、回転する磁界の両極にできるすきまである。つまり、ごく微小ではあるが究極の実在である。それは何も起こることのない時と時の間の休止であり、出来事と出来事の間の空隙である。

　それでも、私たちが直接経験できるのは現在の瞬間だけである。それ以外の時間は無数の段階を経て、また予期せぬ運び手によってこの瞬間の私たちへと中継

＊1　アンリ・フォシヨンは好んでニューヘイヴンに来たわけではなく、ドゴールが政権に就くのを待ち望みながらそれを見届けることなく客死したというニュアンスが込められている。

されるシグナルのなかにのみ現れる。これらシグナルは、物体が今まさに重力の中心に向けて落下する瞬間まで人に気づかされることなく蓄積された運動エネルギーのようなものだ。このシグナルがなぜ古くて、現在にあるものではないのかと問う者がいるかもしれない。それは、シグナルによるメッセージが「ここ」や「今」ではなく、「あそこ」や「あの時」から来たという性質によっている。つまり、それがシグナルであるならば、それはもう過去の行為なのであって、ここに存在する「今」に包含されることはない。シグナルの知覚は「今」の出来事だが、その衝撃も伝達も「あの時」になされていた。どのような出来事においても、現在という瞬間は、すべての存在のシグナルが投影された一枚の平面なのである。そして時間の流れのなかで、その平面上の私たちが余すところなく移行しうる次の瞬間はない。

過去から私たちのもとへ送られてくるシグナルは非常に弱く、しかもその意味を復元する私たちの技術はさらに不十分である。そのなかでも最も弱く不明瞭なものは、出来事につながっているシークエンスの始まりと終わりからやってくるシグナルである。というのも、私たちは、自らが時間を首尾一貫した分割単位として思い描くことに確信が持てないからである。そして、出来事の終わりには別の出来事がもたらした壊滅的な決定打を感知できるのに比べ、出来事の始まりは、さらにいっそうかすんでいる。歴史を分割する方法は、いまだに恣意的で慣習的であり、歴史的実体やその持続期間といった客観的な概念を適用できるわけではない。今も、そして過去においても、大多数の人は、そのほとんどの時間を借り物の考えや慣習的な単なる蓄積として過ごしている。にもかかわらず、すべての瞬間はそれぞれに織物のように解きほぐされ、古いものに代わって新しいものが織られていく。ときにはそのパターン全体が揺り動かされ、新しい形へと落ち着く。このような変化の過程は、いずれも謎めいた前人未踏の領域であり、そこを旅する者はたちまち方向を見失い暗闇に足を取られる。私たちを導く手がかりは本当にわずかである。あるとすれば、それは建築家や画家が精神的高揚のなかで形を思い描いて書き留めたメモやスケッチ、あるいは、消したり書き直したりした跡が入り混じった詩人や音楽家の下書きの類である。それらは「今」という暗黒大陸のかすんだ海岸線である。そこは未来の印象を過去が受信している場所なのである。

人間よりもいっそう本能に頼って生きている動物たちにとって、現在という瞬間の感覚ははるかに簡潔なものに違いない。本能の規則は自律的なものであり、その回路の開閉に選択の余地はなく、知性によるものに比べてその選択肢はごく少ない。この持続のなかでは何かを選ぶという機会そのものがほとんどないので、過去から未来への軌道は一直線を描く。それは際限なく分岐する人間の経験のシステムとは異なる。反芻動物や昆虫は、個体の一生と同じ長さだけ続く延長された現在としての時を生きなければならない。一方で、私たち一人ひとりの一生には無数の現在の瞬間が含まれている。それぞれの瞬間には、意志においても行為においても開かれた選択肢が限りなく存在している。

なぜ、現在性は私たちの手を永遠にすり抜けていってしまうのだろうか。宇宙は有限の速度を持っている。その速度は宇宙での事象の広がりを制限するだけでなく、私たちの知覚する速ささえも規定する。現在性の瞬間はあまりにも速く、緩慢できめの粗い私たちの感覚の網を、すり抜けていく。今、私に光が見える銀河は、はるか昔に消滅したものなのかもしれない。それと同様に、人はどのような出来事であれ、それが起こってしまったあとでないとそれを十分に感知することができない。出来事が歴史になるまで、あるいは、宇宙の嵐で塵と灰になるまで感知できないのである。その嵐を私たちは現在と呼ぶ。その嵐は創造の間中ずっとやむことはない。

私自身の現在について記しておくなら、この文章を書いている間は、たくさんのやりかけの仕事が放置されたままだ。ある瞬間が引き受けてくれるのはたったひとつの行為であり、残りの可能性は実行されずにいる。現在性は台風の目なのだ。それは極小なホールがうがたれたダイヤモンドであり、現在の可能性の塊や断片を過去の出来事へと引きずり込んでいく。現在性が空虚であるということは、ほぼすべての瞬間は実現にまで到達できないかもしれないということからも推測できる。言い換えれば、実現へと至る可能性がほとんどないときにのみ、現在性は充実したものに見えてくる。

芸術と天体について

過去を知ることは星について知ることと同じくらいに驚きに値する仕業だ。天文学者たちは昔の光を観測しているのであって、彼らにはそれ以外に見るべき光はない。すでに消滅した星や遠く離れた恒星からの光は、はるか昔に発せられたものので、現在になってようやく私たちに届いたものだ。多くの歴史的出来事もまた、天体のように、それらが「出現」するずっと以前に「発生」していたのである。たとえば外交上の秘密条約を記した覚え書きや、支配者のために制作された重要な芸術作品がそれにあたる。こうした物的な記録がその出来事から数百年、数千年を経て初めて、選ばれた観察者の前に姿を現すのは珍しいことではない。このように天文学者と歴史家には共通項がある。両者はともに、過去に発生し現在になって初めて出現して記録される事象に関わっているのである。

星と芸術作品との類似を追求するのは意義のあることだろう。いかなる芸術作品も、その状態がどれだけ断片的であっても、過去に捕捉された出来事の一部分であることに変わりはない。それは過ぎ去った時からの流出物なのである。芸術作品は、今では静止してしまった何らかの活動を示す図表である。しかしその図表は、天体がそうであるように、過去の活動によって発せられた光から生まれた。重要な芸術作品が破壊や散逸によってまったく消えてしまったとしても、影響圏にある他の天体に対して及ぼした摂動[*2]を検出することができる。この考えを進めると、芸術作品群は流派という集まりがつくる重力圏のように見えてくる。さらに、芸術作品を諸表現が連結されたシリーズとして並べることができれば、その芸術作品たちが連なるシークエンスはまるで、希少性や規則性、必然性といった「運動」の影響がもたらす天体の軌道のように見えるだろう。

天文学者のように、歴史家も時を描き出すことに従事している。もちろんその規模は異なっている。歴史的時間はとても短い。しかし天文学者も歴史家も、ともに時のかたちを写し取ったものを並べ替え、簡略化し、組み立て、彩色を施す。歴史で扱われる時間は、実際のところ、時間が持ちうる量を比例関係で表したスケールの上限と下限の中間近くに位置するのかもしれない。それは人の身体がその大きさを塊としてグラム単位で量っても、その直径をセンチメートル単位で測っても、太陽系のなかで太陽と原子の間の比例的中心に位置している、つまり、太陽と人の比が人と原子の比とほぼ等しいのと似ている［原注8］。

天文学者も歴史家も、太古のシグナルを集めては、それらの距離や構成を説得力のある理論に当てはめようとする。天文学者にとっての位置とは、歴史家にとっての年代にあたる。さらに、天文学者にとっての速度は、本書で扱うシークエン

＊2　惑星などが副次的で微量な力によって、規則的な運動から少しずつずれていくこと。

スであり、天体軌道は持続であり、摂動は因果関係に似ている。天文学者も歴史家も、過去に起こり現在知覚される出来事を扱っているのである。そして両者の並走はここで分岐する。天文学者にとっての未来が物理的で繰り返し起こるのに対して、歴史家にとっての未来は人間的で予測不能なものである。それでも、先に述べたような類似は、私たちに歴史的事実の本質を見極めることを促すという点で有益である。その類似ゆえに、私たちは多様な分類方法を検討する際の根拠を確かなものとみなすことができる。

シグナル

過去の出来事を規模は多様だが識別可能な激しい運動ととらえ、そこに内包されたシグナルが出来事の発生を示しているという見方をすると、シグナルは、落下できずにいる塊に閉じこめられた運動エネルギーにたとえることができるだろう。このエネルギーは出来事が起こってから現在までに多様な変化を被る。当然、過去のいかなる出来事についての現在の解釈も、最初の衝撃の持続の一段階にすぎない。私たちが特に関心を持っているのは現実の実体的な出来事なのだが、その出来事は今日でも感知しうるパターンに整えられた過去からのシグナルを持つ。この領域のなかでも、私たちは物理科学や生物科学に関わる自然界のシグナルにさして関心はなく、歴史のなかの人工物が放つシグナルに興味を持つ。なかでも記録文書や道具に比べて最も非実用的な人工物、つまり芸術作品にこそ私たちは関心を持っている。

あらゆる実体的なシグナルは、伝達装置であると同時に、初期の振動を伝えてもいる。たとえばひとつの芸術作品は、何かしら作者の行動を伝えてくれるが、中継器の役目も果たしている。それはそのあとの伝達においてしばしば途方もない規模に至る衝撃の出発点ともなる。このようにして、私たちの過去との通信手段は、次のシグナルを生み出す振動するシグナルから始まる。出来事、シグナル、反復する出来事、更新されたシグナル、そしてまた次の……というように、切れ目なく入れ替わるそのシークエンスにおいて発生する激しい揺れが、次のシグナルに送り継がれるのである。キリストの人生が信者たちの日々数え切れないほどの祈りのなかで想起されているように、顕著な出来事は歴史のあらゆる瞬間で何百万回もこのサイクルを経てきた。出来事が私たちのもとに到達するためには出来事そのものの起点、シグナル、その結果としての私たちの精神的高揚、というサイクルを少なくとも一回は経なければならない。歴史的出来事が成立するために最小限必要なのは、このように、たったひとつの出来事と、そのシグナル、そしてシグナルを再現できる人物なのである。

シグナルから抽出されることで最初の出来事が復元される。それは歴史研究の最も重要な成果物である。その証拠をくまなく実証、検分するのが学者の仕事なのだ。原則として歴史家は、シグナルやそれが生み出す振動を、証拠以上のものとして扱うことには関心がない。多様な振動については、歴史学に代わって心理学や美学の領域が扱う。歴史学において、私たちの関心は主にシグナルとその変容にある。なぜなら、この領域は事物の歴史と一緒になって編み上げられ、伝統という問題となって生起するからだ。たとえば、芸術作品は出来事の遺留品としてあるだけなのではなく、それ自身がシグナルとなる。そのシグナルが反復を、または解決［策］の改良をあとの制作者に直接働きかけるのである。視覚芸術では歴史のシリーズ全体が実際の事物によって伝達されるが、文字で書き記された歴史の場合は物理的に復元不可能であり、テクストによる間接的なシグナルしか伝達できない。

中継

歴史に関する知識は伝達で成り立っている。その伝達において送信者、シグナル、そして受信者はすべて伝達内容の安定性に影響を与える可変的な要素である。通常の歴史的伝達において、シグナルの受信者は送信者でもある（たとえば、記録文書の発見者は、たいてい、その編集者となる）ので、私たちは中継という表題のもとに受信者と送信者とを一緒に論じることが可能となる。中継は、最初のシグナルを何かしら変形させる機会である。ある種の細部は取るに足らないものとされ、中継の時点でふるい落とされる。あるいは中継の瞬間に発生した出来事との結びつきによって重要性を付与され、結果として誇張されるものもある。中継器のなかには何かと理由をつけてシグナルの伝統的側面を強調したがるものがあるかもしれないし、目新しさを強調しようとするものもある。始原の純粋なシグナルを復元しようと努力している歴史家も、自身の扱う痕跡を歪ませてしまいかねない。

中継器はそれぞれ、自ら意図的に、あるいは無意識にその歴史的位置に応じてシグナルを歪ませる。中継で伝達されるのは、受信されたメッセージの一部と中継器自身が与えた衝撃の一部を合成したシグナルである。中継の連続がメッセージを変形させてしまうので、歴史的回想が完了することはありえず、もちろんそれが完璧に正確であるはずもない。とはいうものの、伝達がどのような状況でなされたとしても、歴史を知ることを不可能にするほどの重大な障害が起きることはない。実際の出来事はいつも強い感情を誘発し、それはたいてい最初のメッセージが記録する。しかし、中継が続く間に、出来事に触発された感情はゆるやかに消失していく。最も憎まれる暴君は今生きている暴君であるが、古代の暴君はもはや歴史的な事例でしかない。それに加えて、多くの客観的な蓄積、たとえば出来事を連ねた年表などの歴史家が使用する道具が容易に変形されることはない。他にも例を挙げるとするならば、ある種の宗教的表現は長期間にわたる強大な抑圧のもとでも粘り強く生き残るという事実がある。神話のリメイクもその好例である。昔の版の表現が古びて理解しがたいものになると、時代に合った表現でつくり直される。それら新しい版が、古い版と同じ役割を果たすことになるのだ［原注9］。

歴史的知識であることの必須条件とは、出来事が一定の範囲内に存在することであり、シグナルによって、その出来事が過去に実在したことが証明されることである。太古の時間は膨大な持続を抱え込んでいるが、そのなかに今私たちが受信できるようなシグナルは何ひとつない。ここ数時間の出来事でさえ、その出来事と記録の比率を考えるなら、ほとんど記録されないに等しい。紀元前三〇〇〇年以前ともなると、時代をさかのぼるほどに、伝えられる持続の質感は劣化していく。歴史的シグナルの数は有限であるとはいえ、そのすべての意味を解釈することはいかなる個人や集団であろうともはるかにその能力を超えてしまうほどに多い。それゆえ、歴史家の最も重要な目的は、彼の受けたシグナルの多様性と冗長性とをさまざまな分類の枠組みを用いて要約することにあるといえる。分類を用いることによって私たちは混乱の絶えないシークエンスをたどり直すという根気のいる作業から解放されるのである。

もちろん、歴史的記述にはきわめて実用的な使い方がたくさんある。そして、そのどれをとってもそれは歴史家に、彼が追求している目的にかなった視野を提供してくれる。たとえば、法廷の裁判官と弁護士は、殺人事件に至る出来事の時間的な因果としてのシークエンスを確定するために多くの時間と労力を費やす。それは実際の出来事が起こるのに要した時間や労力をはるかに上回るかもしれない。それとは反対に、私がコロンブスのアメリカ大陸への初航海について言及するときに、それが一四九二年の出来事であることを示すために文献、考古学資料、地球時計などのシグナルすべてを集める必要はない。私は、直接の情報源から引き出された信頼ある二次的シグナルを参照すればよいだけである。これら両極の間にいるのが考古学者である。彼がシグナルを読み取るためには地中に埋没した建造物の床面を多くの助手たちとともに調査をするためには、最初にその床面をつくった建設者とほぼ同じだけのエネルギーを使うのだ。

したがって、最初のシグナル——言い換えれば、出来事それ自体に最も近い証拠——の発見と解釈には、多大なエネルギーを要する。しかし一度そのシグナルがもたらされれば、初めに要した労力と比べるとほんのわずかの労力でそれを繰り返すことができる。こういうわけで、歴史研究における基礎的な確定作業は、過去からの最初のシグナルの検出と受信に関係しており、それはたいてい、年代、場所、行為者といった単純な事柄に関わっている。

歴史学という作業の大部分は、最初のシグナルが与える単純な基礎情報に即した信頼できるメッセージをつくり上げることに関わっている。メッセージが複雑になればその信頼性の度合いもそれぞれに異なってくる。複雑なメッセージのなかには解釈者の頭のなかの空想にすぎないものもあれば、エウヘメロス説[*3]と呼ばれる一見合理的な神話解釈のように、歴史的事実へのきわめて大まかな近似値のようなものもある〔原注10〕。

　またそれとは別に、私たちが完全には理解できていない特殊な初期シグナルに刺激されたことでおそらく生じた複雑なメッセージがある。それらは長期にわたる持続や比較的大きな地理的、人口的な単位が生み出すものである。それらは入り組んでいてかすかに知覚できる程度のシグナルであり、歴史として語られることはほとんどない。これらの複雑なメッセージの検出には、ある種の新しい統計的手法だけが有効である。たとえば、言語における変化の度合いを研究する言語年代学[*4]においてなされた特筆すべき語彙統計学上の発見などがそれにあたる（一二三〜一二五頁）。

〔原注〕

8　ハーロー・シャプレー『星と人間』（ニューヨーク、一九五八年、四八頁／Harlow Shapley, *Of Stars and Men* (New York, 1958), p. 48）

9　H・ユベール、M・モース「宗教における時間の表現」（『多様な宗教の歴史についての論文集』パリ、アルカン出版、第二版、一九二九年、一八九〜二二九頁／H. Hubert and M. Mauss, "La Représentation du temps dans la religion," *Mélanges d'histoire*

＊3　エウヘメロス説とは、紀元前三世紀ころ、神話学者エウヘメロス（前三一六〜?）によって書かれた『神論（*Hiera Anagraphē*）』のなかで述べられた主張で、神話の神々とは、過去の王や英雄を神格化したものであるとする説。これは神々の誕生をめぐる最初の合理的説明であり、エウヘメリズムと呼ばれ、キリスト教が異教を排斥する際にも用いられた。神話史実説、神話歴史説などの訳語もある。

＊4　glottochronology　アメリカのモリス・スワデシュ（Morris Swadsch／一九〇九〜一九六七）が発案した異なる言語間の親族関係を検証する方法のひとつ。同系語の基礎語彙群の変化度合いを比較し、言語が分岐した年代を算出する。

10

des religions (Paris, Alcan, 2nd ed., 1929), pp. 189–229)。歴史上の人物の神話詩的変容については、V・バーチ『神話とコンスタンティヌス大帝』(オックスフォード、一九二七年/V. Burch, *Myth and Constantine the Great* (Oxford, 1927)) などを参照。アン・ハースマン『ギリシャ的寓話解釈の研究』(シカゴ、一九〇六年/Anne Hersman, *Studies in Greek Allegorical Interpretation* (Chicago, 1906))

自己シグナルと付随シグナル

ここまでは主に歴史的なシグナルのなかの一類型について述べてきた。それは、この種のシグナルを別の、より明瞭にメッセージを伝えるシグナルから区別したいがためであった。今まで論じてこなかったその別のシグナルとは、自己シグナル（self-signal）の上に付加されるもので、ここには文字で書かれたものも含まれる。このシグナルは自己発生的であるよりも付随的であるという点で、自己シグナルと異なっている。自己シグナルは、言い換えれば、事物の声なき実在宣言である。作業台上のハンマーを例にするなら、その柄は握るためであり、鎚はこれから厚板の繊維と繊維の間に釘を堅くしっかりと使用に耐えるように打ち込もうとしている使用者の拳骨の代わりであることを知らせている。一方、付随シグナル（adherent signal）はハンマーにつけられた刻印がそれにあたる。刻印はそのデザインが保護された登録商標になっており、商業目的でつくられたことを表しているにすぎない。

精妙な絵画もまた、自己シグナルを発する。枠に張られたカンヴァスの平面上の絵具とその配置は、光学的効果にもとづいて、シグナルを発する。それによって鑑賞者は、立体的形態で占められた奥行きある空間を生み出す錯覚と絵画の実際の表面とを混ぜ合わせたような体験を、同期的に享受する。現実の絵の表面と錯覚がつくる立体的幻影との相互関係が無尽蔵であることは明らかである。数千年に及ぶ絵画の歴史をしても、自己シグナルの持つこのような感覚にもとづいた単純な領域の可能性はいまだに使い果たされていない。この自己シグナルは、絵画から放たれる濃密なシグナル群のなかで、これまでほとんど賞賛されることもなく、たやすく見落とされてきた。

絵画、建築、彫刻、それに類するすべての芸術を検討すると、付随シグナルは、自己シグナルを犠牲にして、多くの人々の注意を引きつけることがわかる。絵画においてたとえば、画面の前景に人か動物のような影が描かれていたり、荒れ果てた小屋にいる幼子の体から発せられる光が描かれていたとする。これらすべての形を結びつけるのは聖ルカによるキリスト降誕の物語であり、画面の隅に描かれた紙片は画家の名と制作年を表している。[*5] これらすべては付随シグナルであり、実在的次元を超えて、象徴的秩序のなかで複雑なメッセージを構成している。もちろん、付随シグナルが美術史の研究において重要な要素であることに疑いはない。しかし、これら付随シグナル相互の関係や自己シグナルとの関係は、画家が対峙した取り組みや構想、問題といったものの一部分を構成しているにすぎない。画家にとっては描かれた絵自体こそが、彼の実体験によって導き出された解決そ

＊5　一五世紀から一六世紀の絵画によく見られる表現で、年記や署名や主題が記入された紙片や板を、絵のなかに存在しているように描くこと。

のものなのである。

そこに何があるのかを告げ知らせるものとしての芸術作品の実存的な価値は、付随シグナルのみ、あるいは自己シグナルのみからは抽出できない。自己シグナルだけを取り出してみても、それがそこにあるということを証言するだけだろう。また、付随シグナルのみを分離してみても、そこに何らかの意味があることがわかるだけだろう。意味を持たない存在はぞっとするようなものであるし、また存在を持たない意味も同じようにしごくつまらないものである。

芸術活動における最近の動きは、抽象表現主義のように自己シグナルのみを強調し、反対に最近の美学の研究はイコノグラフィーのように付随シグナルのみを強調してきた。その結果生じたのが歴史家と芸術家の相互不信である。たとえば、未熟な歴史家は、先進的現代絵画はぞっとするほど馬鹿げた冒険であると考え、画家は美術についての学問的研究の大半を中身のない儀式的修練とみなすのである。この種の不一致は芸術や歴史の始まり以来ずっと続いている。この繰り返しは世代が替わるたびに起こるものなのである。芸術家は自身の型が完成する以前に彼の作品に歴史的な承認を与えるよう学者に求める。一方、学者の方は観察者であり歴史家であるはずの自らの位置を取り違えて自分がまるで批評家であるように思い込んでしまう。学者は現代的意義を持つ事柄について口を挟もうとするが、彼が学者として身につけた知覚や技術はそのような課題には不向きだ。学者の職務は、むしろ、もはや自発的には変化する状態にない過去の様子の全体を研究することにある。確かに、最高の批評家としての感受性と正確さを持つ歴史家もいるがその数は少なく、彼らがその能力を発揮するのは歴史家としてではなく批評家としてである。

同時代の作品に対して最も価値ある批評を加えるのは、同じ目標を目指して競い合う別の芸術家である。しかし、そこでふたりの画家が種類の違う事柄に取り組んでいたとしても、その差異が意見の相違として表面化することは、ほとんどない。観察者がそのような画家たちの差異を解き明かせるようになるのは、長い年月を経てからである。そのときには画家たちの勝負はすべて終わり、全容が比較のために参照可能となっている。

道具や器具は、その自己シグナルが持つ、操作という特性によって識別できる。道具や器具の自己シグナルは、通常、複合的なシグナルではなく単一のシグナルであり、ある特定の行為が指示されたとおりの方法で遂行されることを伝える。それに対して芸術作品は、付随する多様な意味が豊かに束ねられていることによって、道具や器具と区別される。芸術作品は即座の行動を求めたり、使用法を限定したりはしない。その意味で芸術作品は入場門のようなものである。訪問者はそこから画家の空間や詩人の時間に入り込むことができる。そこでは芸術家が整えてくれた豊かな領域を余すところなく体験することができる。しかし心の準備がない訪問者、つまり彼がぼんやりしていたりそのときの感受に欠落がある場合には、彼は何も見ることがない。付随する意味の多くは、皆が経験的に知っているありふれた事柄に関わるものであるが、それを一定の制限のなかで並べ替え、豊かにするのは芸術家の特権なのである。

イコノグラフィー研究

イコノグラフィー（図像学）は、「自然」、「慣習」、「本質」の三つの段階で付随している意味から形態を研究する。「自然」な意味は、事物や人の初歩的な識別に関するものである。「慣習」的な意味は、所作やアレゴリーが過去の文献的典拠を用いて説明されるときに発生する。そして最後に「本質」的な意味は、イコノロジー（図像解釈学）と呼ばれる研究を構成し、文化的象徴の説明に関わる［原注11］。イコノロジーは文化史の一種であり、その美術作品研究とは作品を通して文化一般に関わる結論を導き出すことを目的としている。また、長く伝承されてきた文献的伝統に依拠しているために、イコノロジーは今のところギリシャ・ローマの伝統やその生き残りについての研究に限られている。その研究においては主題の継続性が第一の条件であり、中断したり断絶した伝統については十分な文字資料のない文明と同様、イコノロジー研究者の手には負えない。

構造分析

古典考古学者のなかにも、意味に関する似たような問題、ことに詩と視覚芸術の関係における意味の問題に関わってきた人たちがいる。このグループを代表するのが、故グイード・カシュニッツ・フォン・ヴァインベルク[*6]とフリードリヒ・マッツ[*7]である。彼らは「構造分析（Strukturanalyse）」ないし「配列構成（configuration）」の分析という手法を用いて意味を研究し、場所と世代を同じくする文学と美術の根底にある共通の前提を見出そうとした［原注12］。たとえば、ホメロスの叙事詩と同時代、つまり紀元前八世紀の幾何学的な壺絵の事例に彼らは注目した。このように「構造研究（Strukturforschung）」では、同じ場所と時代に生きる詩人と画家は、感性の中枢パターンを共有した者たちとみなされる。彼らの多彩な奮闘ぶりは、すべてこの中枢から放射状にほとばしり出たものだとされるのである。この姿勢はイコノロジー研究者にも共通するもので、彼らは、文学と美術はおおむね相互交換可能であると考えている。しかし、イコノロジー研究者に比べて、考古学者は、絵画と詩の間の不連続性に悩まされることが多い。彼らにとって、ホメロスの叙事詩とディピュロンの壺[*8]を同等視するのは難しいことなのである。近代美術の研究者も同じ難問に悩まされている。彼らには、文学と絵画はその内容と技術があまりにも異なるものに見える。たとえば、博学とポルノグラフィーとは、今日の文学においては自家薬籠中のテーマであり両者は結びつけられている

＊6　グイード・カシュニッツ・フォン・ヴァインベルク（Guido Kaschnitz von Weinberg／一八九〇～一九五八）。オーストリア、ドイツで活躍した考古学者、美術史家。

＊7　フリードリヒ・マッツ（Friedrich Matz／一八九〇～一九七四）。ドイツの古典考古学者。

＊8　アテネのケラメイコス遺跡（ディピュロン門付近）で出土した幾何学様式のアンフォラ（ふたつの把手を持つ壺）を指してディピュロンの壺という。紀元前一一世紀中ごろのアテネでは、同心円文や直線や曲線などの幾何学文様を用いた陶器がつくられていた。しかし、前八世紀ごろになると、幾何学文様の間に日常や儀式のテーマで人間や動物が使われ始める。

が、絵画においては双方ともに拒絶されてしまう。絵画では、非再現的な形の探求こそが二〇世紀における主要な目的だったからである。

この困難は、場所と時代を共有する詩人や芸術家の感受性には共通の中枢的なパターンがあるという仮説を一部変更すれば解決できる。とはいえ、中枢的なパターンがあるという考えそのものを排除する必要はない。というのも博学的表現の追求は、一七世紀ヨーロッパにおいても、詩人と画家に共有されていたからだ。全体性を持ったまとまりのある構造《ゲシュタルト》に加えて、この本の七四頁以降で説明する形のシークエンス（fomal sequence）の考えを用いて調整すればよいのである。形のシークエンスは、形自身が収斂し結実するような、自立した表現のシステムが存在する可能性を示唆してくれている。形のシークエンスの存続もその結実も、ある共有された目的に呼応しており、この目的だけが、そこに作動する力の場を規定する。こうしてみると、ある瞬間の断面、つまりある場所でのある瞬間の全貌を示す断面は、一片一片すべてに同じ意味があるような放射状の図案よりも、発展状態が異なるさまざまな部分やいろいろな年代から編成されたモザイクにこそ似る。

意味の分類法

付随的な意味は、それらをまとう実体によって大きく変化する。マイセン磁器の伝えるメッセージは大きな青銅彫刻のそれとは異なる。また、建築のメッセージが絵画のそれと似ることもない。イコノグラフィーないしはイコノロジーの議論は生物学における皮、羽、毛、鱗といった区別にも似た、分類上の問題をただちに浮上させる。それらはすべて外皮だが、機能、構造、構成においてそれぞれに異なっている。つまり、ここでは配置を換えるだけで付随的な意味が変容するので、その内容までもが変化したのだと誤解されるのである。

図像《イコノグラフィー》を変わることのない均質的な実体として扱うことによって、もうひとつ別の困難が発生する。それは、一連の付随する意味の内部に大きな歴史上のグループ分けが生じることとである。このグループ分けは、建築や彫刻、絵画といったジャンル分けというよりも、時代ごとの精神的慣習に関係したものである。しかし歴史に対する私たちの識別能力はあまりにも不正確なので、世代ごとの精神的変化を実証できない。とはいえ、西洋文明における一四〇〇年以前と以後の図像体系の変化のように広範囲に及ぶきめの粗い変化の輪郭であれば、その兆候は明らかである。

中世や古代において、すべての経験は一対一の隠喩的システムのなかに、その視覚的な形式を見出していた。古代において「神々の偉業(gesta deorum)」は、現実の出来事を含んでいた。古代ギリシャ人は当時の出来事を、たとえばヘラクレスの功業の神話やホメロスの叙事詩の場面といった神話的な隠喩をもって語ることを好んだのである。ローマの皇帝たちは神話の神々を伝記的原型とし、その名前や持ち物、祭礼を取り入れた。中世においては、聖人伝が同じ機能を果たした。たとえばランスやアミアンの地域の歴史は、大聖堂の入口の上部に立つ土地の聖人の彫像として表現された。聖書の教義物語はいわば変奏されて、地域ごとの歴史や感情をより詳しく伝えている。すべての経験を、すでにある少数の支配的な主題が用意する型へと還元していくこの傾向は漏斗に似ている。それは経験をより力強い流れへと運ぶ。主題と型が少数である分、意味の強さはそれだけ増すのである。

しかし、紀元一四〇〇年ごろ、視覚的空間を絵画で表現する数多くの技術的発見によって、今までとは違った経験を伝えるための図式が出現した。あるいは、これらの図式は、技術的発見に伴っておそらく随伴的に生じたものなのだろう。この新しい方法は、漏斗とは逆の豊饒の角[*9]に似ていて、そこからは膨大な数の新しい類型と主題が転がり出てきた。それらはすでにあった表現様式に比べて、日常的な感覚に直接的に関連するものであった。古典的伝統とその再興は、すべての経験を含んだ新しい形の奔流から、たったひとつの潮流のみをかたちづくった。その流れは氾濫寸前の高さにまできていて、水位は一五世紀以来じわじわと上がり続けている。

古代の遺物の生き残りが歴史家を魅了するのは、もしかすると古典的伝統がす

＊9　cornucopia　ギリシャ神話で、幼児のゼウスに授乳したと伝えられるヤギの角。転じてアメリカの感謝祭で使われる花や果実を入れる円錐形の容器。

でにその役目を終えているということが理由なのかもしれない。古典はもはや生きた水ではなく、今私たちはその外にいて、内にはいない[原注13]。私たちは、もはや古典的伝統から生まれ出たものではなく、大洋の海流のなかにいる。そのような私たちには、ある程度離れた位置から、古典的伝統を歴史という地勢の主要部分として見ることができるのだろう。同じように、私たちは自らの時代の大いなる流れの輪郭をはっきりと見極めることはできない。私たちは、現代の出来事がつくる流れの只中にいるので、その流れの向きや量を海図で示すことができない。私たちは歴史が示す外観の内側とも外側とも対峙している（一一二頁参照）。これらのうち、完全に過去になった外側の表面だけが、歴史的知識として扱われるのである。

〔原注〕

11　Erwin Panofsky, *Studies in Iconology* (New York, 1938)（エルヴィン・パノフスキー『イコノロジー研究』浅野徹他訳、美術出版社、一九八七年）

12　フリードリヒ・マッツ『ギリシャ美術史』）（フランクフルト、一九五〇年、全二巻／Friedrich Matz, *Geschichte der griechischen Kunst* (Frankfurt, 1950), 2 vols)。この序文において「構造研究」の解説がなされている。英語でいうと「かたちと場の関係に関する研究（studies of form-field relations）」というほどの意味である。

13　Erwin Panofsky, *Renaissance and Renascences* (Stockholm, 1960)（エルヴィン・パノフス

キー『ルネサンスの春』中森義宗、清水忠訳、思索社、一九七三年）この本は、二〇世紀における近代の終焉について詳しく論評している。

第二章　事物の類別

芸術の経験という茫漠とした領域から有効な一般法則を導き出そうと努力した美術史家たちはそれほど多くはない。その少数の美術史家たちは、建築や彫刻、絵画のための原理を、一部は対象そのものから、また一部は私たちの経験から見出して、共通する土台の上に確立しようとしてきた。彼らは、私たちがあらゆる芸術作品に見出すことのできるような組織上の諸類型を分別することで、それを実現していった。

彼らの用いた方法のひとつは、歴史上の出来事を構成する単位を拡張することだった。二〇世紀初頭、フランツ・ヴィックホフとアロイス・リーグルはこの方向に進んだ。彼らは古代ローマ末期の芸術に対して新しい理論を打ち立てた。それはこの時代の芸術に対して与えられていた「堕落」という説教めいた従来の評価を刷新するものであった。その際に彼らは、あるシステムもしくは組織は同等の価値を持つ新しく異なったシステムに置き換えられるという仮説に依拠した。リーグルの言葉を借りれば、ひとつの「芸術意志（Kunstwollen）」が、また別のそれに道を譲るというわけである［原注1］。このような歴史区分、つまり、形の組織化の諸類型を画する構造的線引きと、それら類型の創始者たちを目印とした区分を、二〇世紀の美術史家や考古学研究者のほとんどが是認してきたのである。

これらの提言は、スイス人美術史家ハインリッヒ・ヴェルフリンが最初に提起した必然的なシークエンス（必然的継起）という考え方とはまったく異なるものであった。ヴェルフリンによるこの成果はベネデット・クローチェによって「純粋視覚性の理論」[*1]と同類であるとみなされた［原注2］。ヴェルフリンは、一五世紀と一七世紀のイタリア美術を比較し、形の実現における五つの対立項（線的―絵画的、表面―奥行き、閉―開、多様―統一、絶対的明快性―相対的明快性）を示した。これによって、ふたつの時代に根本的な形態学的相違があることを、わかりやすく特徴づけたのである。ほどなく、その考えをギリシャ・ローマと中世の芸術にも展開する者が現れ、それぞれにアルカイック、クラシック、そしてバロックという三段階を適用した。そして一九三〇年ごろ、マニエリスム（一六世紀）と呼ばれる第四の段階が、クラシックとバロックとの間に差し挟まれた。また補助的に、そのライフサイクルの発展段階として、ロココやネオクラシック様式を追加する者も現れた。ヴェルフリンによる分類は、音楽と文学を扱う歴史家に大きな影響を与えたが、美術史家たちの間ですんなりと受け入れられたわけではなかった。

というのも古文書志向の専門家たちは、当然、新発見される文献の方がヴェルフリンの基礎概念（Grundbegriffe）から紡がれた様式上の見解よりも、よほど有益であると考えたからである。また他方で、厳格な歴史家たちもヴェルフリンを非難した。彼らによれば、ヴェルフリンは、事物と芸術家双方における個別の特質を無視した、事物の分類に関する概括的な所見をつくり上げようとしている

*1　純粋に視覚だけに訴え、他の感覚や思考や記憶とはまったく無関係に存在するような、芸術作品の状態。「形式」を純粋に可視的な表象の構成関係であるととらえたコンラート・フィードラーによる論文「芸術的活動の根源について（Konrad Fiedler, *Über den Ursprung der künstlerischen Tätigkeit*, Leipzig: Hingel, 1887）」のなかで主張された。そのあと、フォルマリスム美術批評が作品の優劣を判断する際の重要な評価基準となった。

というのであった。そして、芸術の本質を最も大胆かつ詩的にとらえ、それを生物学的なものとして論じたのが、アンリ・フォションの『形の生命（Henri Focillon, *Vie des formes*, 1934)』であった。もちろん、その生物学的隠喩は、この素晴らしい教師が用いた多くの教育的工夫のうちのひとつにすぎなかった。彼はあらゆるものを教材にして、平凡だった生徒たちを鍛え上げた。何も知らない批評家たちが、彼の驚異的な独創性を、単にレトリックをひけらかしているだけだと誤解したこともあった。また、彼を形式主義者のひとりと片づけてしまった鈍重な批評家たちもいた。

いずれにせよ、私たちがとらえたい対象は、さまざまな時のかたちである。歴史の時間は、物理学者たちが自然の時間を計るために用いるような均質できめの細かい時間単位に比べて、あまりにもきめが粗く簡潔である。これまで生み出された時のかたちは、限られた数の類型から派生した無数の形態で占められた、海のようなものである。それらをつかまえるには、今使われているものとは違う編み目を持った網が必要なのである。様式概念はそのような網にはなりえない。ラッピングペーパーや収納ボックスがそれになりえないのと同じである。伝記は歴史的実体を凍りつかせ、切断し、切り屑にしてしまう。建築、彫刻、絵画や工芸についてのこれまでの歴史学では芸術的行為の些細な細部も、主要な細部も、いずれをも取り逃してしまう。単体の芸術作品を取り上げた研究論文は、積み上げられた壁の所定の位置に嵌め込むために整形された嵌め石のようだ。しかし、その壁自体は、目的も計画もなしに建造されてきた。

〔原注〕

1　A. Riegl, *Die Spätrömische Kunstindustrie* (Wien, 1901–23), 2 Bde（A・リーグル『末期ローマの美術工芸』井面信行訳、中央公論美術出版、二〇〇七年）

2　クローチェの記述によると、この用語自体はハンス・フォン・マレース、コンラート・フィードラー、アドルフ・ヒルデブラントらによるミュンヘンでの会話のなかから生まれた（「純粋な見え方としての芸術理論」『美観についての新しい理論』バーリ、一九二六年、二三三〜五八頁／“La teoria dell'arte come pura visibilità,” *Nuovi saggi di estetica* (Bari, 1926), pp. 233–58)。おそらく一八七五年ごろのことだ。ヴェルフリンの最も知られている著作は次のものである。Wölfflin, *Kunstgeschichtliche Grundbegriffe* (München, 1915)（『美術史の基礎概念』守屋謙二訳、岩波書店、一九六四年／海津忠雄訳、慶應義塾大学出版会、二〇〇〇年）

重要な芸術作品は歴史的な出来事であると同時に、何らかの課題に対して苦労のすえに勝ち取った解決であるとみなすことができる。その出来事が独創的なものであったかありきたりなものであったか、偶然か意図されたものか、あるいはうまいか下手かといったことを今になって云々するのは意味のないことだ。ここで重要なのは、いかなる解決にもそれに対応する問題が存在するということであり、またこの問題は別の解決へも至るということである。そして、同じ問題から導かれた別の解決群が、今現れたばかりのひとつの解決のあとを追うようにして発明される。解決が積み重なるにつれて、問題も更新されていく。とはいえ、つまりこれら解決の連鎖こそが、問題の所在を明らかにする。

連鎖した解決群

人工物がシークエンス[*2]をなすことで浮かび上がってくる問題は、事物自身に内在する理念的な形とみなすことができる。一方、それに対応する連鎖した解決群は、実在する事物の集合とみなしてよい。そしてこれらの問題とその諸解決が組み合

*2 sequence　本書の最重要用語のひとつである。日本語に訳すとその含意の多くが消えてしまうので、そのまま用いることとした。端的には、形を連続した変容としてみたときに把握可能な、特定の形態群の順列により連なったまとまりを示している。その対として頻出する用語がシリーズ（series）である。シリーズも同じくまとまりではあるが、あくまでも総和であり、時間的序列性を捨象したものとみるのが一番妥当な解釈だろう。著者はその違いに相応の含みを持たせる場合と、ほとんど差のない場合があり、そのつど意味を吟味する必要がある。なお次頁で著者自身が数学用語を用いて両者の違いを述べているが、それが基本的定義となる。

わされることで形の集合が構成される。歴史のなかでは、伝統や影響力という紐帯で強く結ばれた解決だけが、つながってひとつのシークエンスをつくる。

連鎖した解決群が時間を占めていくさまは、大いに多様である。これについてはこの本のなかであとに論じるとしよう。それらを見ていけば、理念的な形が占める、無限ではないがまだ探査し尽くされていない領域も浮かび上がってくる。その領域のほとんどは新たな解決によって洗練されていく道筋へと、今なお開かれている。他方で閉じてしまった流れもあるが、それらは完結したシリーズとして、もはや過去に属している。

数学の用語で級数《シリーズ》とは項の集合の総和であり、数列《シークエンス》とは正の整数のようにどんなものであれ数を秩序立てて並べた集合のことである［原注3］。ゆえにシリーズはそれが閉じた集まりであることを意味し、シークエンスはそのまとまりに終端がなく拡張していく連なりであることを示唆している。この数学的な意味での差異を踏まえつつ論を進めることにしよう。

一般に、形のシークエンスはその可能性を汲み尽くそうとするいかなる個人の能力をもはるかに超えている。たまたま時代を味方につけて生まれた人が、個人の寿命という通常の尺度を超えて貢献することはある。しかしながら、そのような人でさえ芸術の伝統全体という共同活動を彼の生涯を通してたったひとりで再現することはできない。

数学の分野で私たちの研究とよく似ているのは位相幾何学《トポロジー》、すなわち量や次元を持たず、面と方向だけが考慮される、関係性の幾何学である。また、生物学的アナロジーとしては種の形成がある。そこでは形は遺伝的変化を経た膨大な数の個体群によって表現されている。

形のシークエンスの境界はどこにあるのだろうか。歴史は終わりなき営みであるから、その境界は絶えず動いている。それは人が歴史を刻む限り動き続けるだろう。T・S・エリオットは、おそらくこの関係について記した最初の人である。主だった芸術作品はどれも、先行する諸作品の再評価を私たちに迫るということに彼は気づいた［原注4］。たとえば、ロダンの登場によって、これまで受け継がれてきたミケランジェロの姿は書き換えられた。私たちの彫刻観は広がり、ミケランジェロの作品についての新しい客観的な見方ができるようになったのである［原注5］。

ここでの私たちの目的に照らし合わせてみれば、ひとつのシークエンスの境界は、あるひとつの問題に対する取り組みの初期と末期の段階とを説明づける解決群の連鎖によって定まる。多くの段階を持つシークエンスもあったし、わずかの段階しかないシークエンスもあった。将来、新しい段階がさらに付け加わることもあるかもしれない。シークエンスが続いていくとすればそれは、新たな必要によってその問題により広い視野が与えられたときのみである。問題が大きくなるにつれ、シークエンスもそしてその初期の部分の長さも延びていく。

開かれたシークエンスと閉じたシークエンス

問題が新しい解決を探るに値しなくなり積極的な関心を集めなくなってしまうと解決のシークエンスは休止し、その間は安定している。しかし過去のどんな問題も新しい状況下で再び活性化する可能性を持っている。樹皮を素材としたアボリジニの絵画は二〇世紀において開かれたシークエンスである。なぜなら、その可能性が現在の芸術家たちによって今なお広げられているからだ。しかし古代ギリシャの壺絵はすでに停止したシークエンスである(二〇七頁参照)。二〇世紀の画家たちは自身の芸術を「プリミティヴな」素材によって一新させる必要を感じたのであって、古代ギリシャ世界に生まれた図像によってそうしたわけではない。アボリジニ絵画に見られる明快な動物や人物、またアフリカの部族彫刻に見られるリズミカルな形態は、輝きを失い変化にも乏しいギリシャ美術の身体表現と比べて迫真性についての現代の理論により近接しているのである。

このような考えがもたらす表現方法は、統合的というよりもむしろ分析的で分割的である。この方法は、あらゆる出来事が生物学的隠喩の持つ「必然的な」様式の連続としてのアルカイック、クラシック、バロックといった段階を踏んで周期的に繰り返すという考え方を払拭する。シークエンスによって事物をまとめて分類することは、出来事内部の因果性の方を強調する。しかしそこでの出来事の発生は散発的で、予想不可能で、不規則である。つまり歴史のフィールドは決して閉じない回路をたくさん含んでいるからである。ある出来事が発生する条件が存在していたとしても、人が実際に介在することがなければその出来事が必ずしも発生するわけではない。

美術史における単純な伝記的記述には、個人の成長を描くことによって、その時代の歴史的状況全体を表そうとする傾向がある。このような伝記的記述は、歴史を再構築する際に必要とされるひとつの段階ではある。しかし形のシークエンスとは、連鎖する一続きの出来事である。そしてそれらの連鎖をもたらしているのは、伝記的記述とは逆のこと、つまり個人を、彼が置かれた状況から理解しようとする分析なのである。

シークエンスを分類することで、私たちは伝記と様式史の間の隔たりを埋めることができる。この分類法は、生物学的あるいは弁証法的な理論が様式の変動過程を説明するほどには変幻自在ではないが、伝記よりも説得力を持った記述を可能にする。この分類法の危険性や限界は容易に明らかにされるかもしれない。しかし長い目で見れば、シークエンスの概念はひとつの足場として役に立つのではないだろうか。ある歴史的偉業のこれまで隠れていた部分にもっと肉薄できるようになれば、この足場はいつ撤去してもよい。

むろん事物の独自性を高く評価する人々にとって、独自性が分類と一般化によって減退するのはとても気がかりなことである。私たちは困難と困難の間で動きがとれない。というのも、ひとつの事物は実はきわめて複雑な存在であり、そのあまりの複雑さゆえに私たちはそれを一般化してわかったふりをする他はないからである（一八九頁参照）。それに対する解決法のひとつは、単一の事物に内在する複雑さを率直に受け入れることである。ひとたびその困難さを認めれば、比較が可能な局面を見出すことができる。事物に関して私たちが現在知っているいかなる特性も一元的あるいは根本的ではない。ある事物の特性はすべて下位の特性の束《クラスター》であり、それはまた同時に別の束の下位部分でもあるのだ。

ひとつの例として、フランスのゴシック様式の大聖堂を挙げてみよう。幾世代にもわたって建築家たちは、丸天井《ヴォールト》をかけられた身廊部分の柱間の規則性と、ファサード側の塔部の大荷重とを調和させるのに苦闘した。塔はその一部を身廊で支えなければならなかったのだが、理想的には、身廊の柱は一本たりとも他に比べて太くなってはならなかったのである。この問題への解答は、次第に完璧なものとなっていった。それは塔の周辺下部の耐力壁を厚くし、控え壁であるバットレスを増やし、さらに身廊の支持体を過度に細くするのを断念することによってであった［原注6］。

マント大聖堂*3の西側正面は、このような妥協によってなされた解決を示す最初

*3　ノートルダム参事会教会(Collégiale Notre-Dame／一一七〇～一二〇〇)。フランスのイル＝ド＝フランス地方の都市、マント＝ラ＝ジョリー（Mantes-la-Jolie）にある大聖堂。初期ゴシック聖堂建築の代表例である。

期のものである。建築家は、均一な光のもとに、同じ柱を一定のリズムで配置したいと思った。彼は形態的価値にこだわり、技術的解決がそれを助けたのである。内部のヴォリュームを邪魔するものはないが、正面のマッスは圧倒的である。両者の目指すところは、もともとは矛盾するようにみえたが、それらが次第にまとまっていったのである。ゴシック様式の大聖堂におけるこの解決法は、柱やバットレス、窓といったより下位の特徴の束に影響を与えた。またゴシック聖堂のそのあとの変化は、建物正面に関する問題解決に左右されていった。そして、建物正面の問題に対する解決そのものも、実は塔の構成に関わる変化という別の系統の下位にあったのである。

ゆえに「大聖堂《カテドラル》」という言葉は、本質的な意味での形の集合を表しているわけではない。それはむしろ教会組織上のカテゴリーのひとつであり、また教会法における教会管理と運営上の概念なのである。この名前をつけられた建物のなかで互いに密接に関連して設計されたものといえば、一一四〇年から一三五〇年にかけてヨーロッパ北部で建てられたほんの一握りのもののみである。それらは、ひとつの形のシークエンスを構成しており、そこには、いくつかの修道院や教区教会も含まれている。つまりこの形のシークエンスは「大聖堂」を意味するものではない。それはむしろ円筒《バレル》ヴォールトの大聖堂を含まない「リブ・ヴォールトによって分節された構造」を指している。

現時点での形のシークエンスの定義を、誤りを恐れずに言うならば、それは同じ特性を少しずつ変化させながら反復していく歴史的なネットワークである。それゆえそのシークエンスは構造を持つと言えるかもしれない。その横断面には、網状《ネットワーク》の組織や編み目《メッシュ》、あるいは付随する特徴の束が見える。縦断面には、時間の推移ごとに繊維状の構造が現れていて、その各段階はよく似ているが、それらは編み目のなかで変化し続けている。

ここでふたつの疑問が生じる。ひとつめは、形のシークエンスの数は限りがないのかという疑問である。もちろんそれは無数ではない。なぜなら形のシークエンスはそれぞれに誰かが意識している問題に対応しているからであり、その問題を首尾よく解決するには多くの人々の真剣なまなざしにさらされることが必要となるからである。対応する問題がなければ解決の連鎖は起こらない。また意識されることがなければ問題は発生しない。ゆえに人間の行為全体の輪郭は、形のシークエンスの全体像とぴったり一致することになる。形の集合はそれぞれが実際上の問題とその解決とで構成されているのだ。時とともに、それらの解決の大半は破壊されてしまうかもしれない。しかしその破壊がもたらす困難は単に見かけ上のものにすぎない。なぜなら、私たちが必要とするのなら、生き残ったたったひとつの解決や実例だけでシークエンスの存在を知ることができるからである。そうした裁定は、もちろん一時的で不完全なものではある。それでもありとあらゆる事物は、たとえそれが長期にわたった粗雑な製品のシリーズの末期の複製品で、オリジナルの明快さや鋭さとはかけ離れていたとしても、その事物自身が解答となった何らかの必要が存在したことを証明するのである。

ふたつめの疑問は、私たちはすべての人工物について思いをめぐらすのか、あるいはそれらのうちから選ばれたものだけを扱うのか、という問題である。選択の境界は、少なくともどこに引かれるのだろうか？　私たちは、道具よりもむしろ美術品に関心がある。そして一般に持続期間がきわめて短いものより長いものにより興味を引かれる。短いものは私たちが扱っている主題について、それほど多くを語ってはくれないからである。一般に道具や器具はきわめて長い持続を保持している。しかし場合によってはその持続がとてつもなく長くなるため、その主要な変化を明確に述べるのが困難になってしまうほどになる。たとえばガラクタの山に深く埋もれた料理鍋には、文明の道筋を記録したような変化はほとんど見られない。これに従えば、単純な道具ほどそこには長すぎる持続が記録され、複雑な道具ほど特殊な要求に対応したときの短期間の出来事が記録されている。

流行

形のシークエンスが成立する持続の下限は、もしかすると、流行が成立する付近にあるのかもしれない。衣服の流行は私たちが知るなかで、最も短い持続のひとつである。流行は、長期的な発展とは無縁の特別な必要性に従っている。流行とは、外観に関わる単一のイメージの投影である。その短い一生の間に変化することはなく、はかなく消費的であり、複製を受け入れることはあっても根本的な変化を受け入れることはない。流行は前例に背き、馬鹿馬鹿しさとすれすれのところをかすめ、信頼性の限界へと限りなく近づく。それらは解決の連鎖には属さない。流行は次々に現れ、それぞれが形の集合を構成する。流行は、実質的な変化を伴わない持続である。それは突然出現し、次第にかすれていって、季節がめぐると忘れ去られる。それはある集合を形成するが、時のなかで感知できる次元を含まないという点で形のシークエンスとは異なっている。

［原注］

3 『数学辞典』（グレン・ジェームス、R・C・ジェームス編、プリンストン、一九五九年、三四九〜五〇頁／*Mathematics Dictionary*, ed. Glenn James and R. C. James (Princeton, 1959), pp. 349–50）。イェール大学のオイスティン・オーア教授がグラフ理論[*4]に関する仕事を仕上げつつあると聞いて、私はこの章を彼に見せた。彼は次のような評を書いてくれた。「自然科学の分野でもそうですが、きわめて複雑な主題について系統的なプレゼンテーションをしようとするとき、人は、説明原理として役立つようなパターンを数学者に期待してくるのです。数列と級数という数学の概念が思い浮かびましたが、少し考えると、それは今ある問題に適用するには、あまりに特殊すぎるように感じました。しかしあまり知られていないネットワークや方向を持

＊4 頂点（ノード）とそれを結ぶ辺（エッジ）で構成される図形の数学的特性を考察する理論。

つグラフといった領域なら、この問題にはかなり向いているのではないかと思います」。

「私たちは、人類の創造力における段階の多種多様さに興味を持っています。人は発展の過程で、ある段階から別の段階へと移っていきます。そこには選択されるかもしれないさまざまな方向性が存在しています。そのいくつかは実際の出来事を現出させます。そしてそれ以外の方向性は、数ある有効な方法のなかに含まれていた、というだけで終わります。こうも言えます。いずれの発展段階も、同じ結果へと至る、いくつかの選択可能な行程を経由して生じたのです」。

「このことは、方向性を持つグラフやネットワークといった数学的概念によって、大まかに描き出すことができるかもしれません。そのグラフは多数の点や頂点や段階で構成されます。これらのうちのいくつかは、方向性を持つ線や辺（エッジ）あるいはステップによって結ばれます。したがって各段階には、あとが続く可能性のある縁が多数あります。同様に、その段階へと入ってくる多くの縁もあって、それらによってその段階ができ上がります。実際の展開ではグラフにおいて方向づけられた道（パス）に対応しますが、それは多数の可能性のうちのひとつにすぎないのです」。

「方向性を持つグラフはたくさん描くことができるけれども、私たちが考慮しようとしているのは、なかでも特別のタイプなのか、と尋ねる人がいるかもしれません。それについてはひとつの本質的な制約があるように思われます。それはグラフが非円環である、ということです。すなわち、最初の段階に帰ってしまうような、循環的な方向性を持つ道筋は存在しません。これは本質的に決して以前の段階には戻らない人類の進行の様子と符合します」。

4　T. S. Eliot, "Tradition and the Individual Talent," *Selected Essays*, 1917–32 (New York, 1932), p. 5（T・S・エリオット「伝統と個人の才能」『文芸批評論』所収、矢本貞

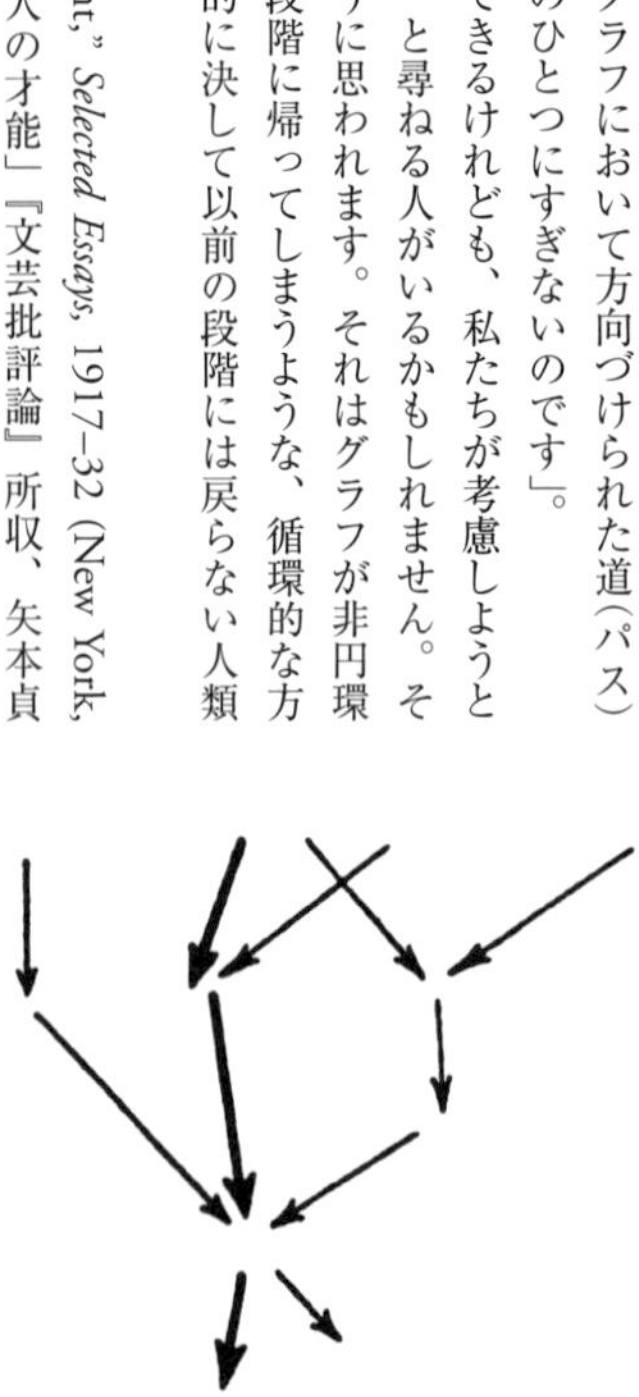

幹訳、岩波文庫、一九三八年）および次の文献。『観点』（ロンドン、一九四一年、二五〜二六頁／*Points of View* (London, 1941), pp. 25–26)

5 アンドレ・マルローは自著（*The Voices of Silence* (New York, 1954), p. 67, 317, 367／『東西美術論』小松清訳、新潮社、一九五八年）の数か所で、このいわば「エリオット効果」とでも呼ぶべきものを彼なりに使っている。この本では、主要な芸術家たちは、彼ら自身の過去の斬新な貢献によって、彼らがそれぞれに持つ伝統を変容させたと書かれている。

6 ハンス・クンツェ『フランス初期および盛期ゴシックのファサード問題』（ライプチヒ、一九一二年、学位論文、ストラスブール／Hans Kunze, *Das Fassadenproblem der französischen Früh-und Hochgotik* (Leipzig, 1912; dissertation, Strassburg)）

素形物と模倣物

一方で道具が、また他方で流行物が、私たちが暫定的に設定した境界である。今私たちは、その領域の内側にさらなる区分を設けることを必要としている。そこには素形物（prime objects）と模倣物（replications）という区分が存在する。これは、時代のなかで、芸術作品に対して、芸術家と鑑賞者それぞれの見解があるのと同じことである。

素形物とは重要な第一の発明群のことであり、模倣物とは、重要な芸術作品が通過したあとに漂っている複製、再生品、写し、縮約版、変形物、派生物といった模倣の系統全体のことである。大量に生産される模倣品は、流行語が持つ性質に似たところがある。ある一節が舞台や映画で使われ、人々がそれを幾度となく口にするようになると、その言葉はある世代の言語の一部にまで成長する。しかし最後には時代遅れの陳腐な決まり文句となってしまう。

まずは大量模倣品のもととなる素形物の性質を精査してみたい。素形物は数学における素数（prime numbers）と似ている。ともに、その出現を予測するための確かな法則が解明されていない。もちろんいつかは決定的法則が見出されるのかもしれないが、今のところこのふたつの現象に当てはまる法則性はない。素数はそれ自身と1以外に約数を持たないが、素形物は原型（original）であるという性質上、分解を拒絶する。素数と同様に、発端（prime）であることが素形物の性質なので、先行するものによってそれを説明することができず、いつ歴史のなかに現れるかも説明できない。

英雄たちの年代記と同じように、芸術の歴史は数多く生み出された偉大な瞬間の、ほんの一握りしか記録していない。それらについて思いをめぐらす私たちは、すでに死んだ星たちに出会いを求めているようなものなのである。その光でさえ、もう私たちには届いていない。その星が存在したことを私たちは、摂動や、その星が通った道筋に残された派生品の山から間接的に知ることしかできない。私たちがボナンパクやアジャンタの壁画家の名を知ることはない。ボナンパクやアジャンタの壁画、あるいはエトルリアの墓壁画は、王侯貴族たちが生きていたころに、もっと都心部にあった彼らの邸宅を彩った芸術を色あせた様子で伝えるものでしかない。こう考えると、芸術の歴史は、一度は切れてしまったが、そのあとに多くの修繕を加えられた鎖のようなものである。それは紐や針金でできていて、ときおり宝石のように輝く連結点と連結点をつないでいる。この鎖は、目に見えない、素形物からの最初のシークエンスが存在したことを示す物的な証拠として生き残ってきた。

変異体

本書では生物学的隠喩を努めて避けているが、素形物について語る際にその扱いづらい特徴を明らかにするためならば、ときにそれを利用してみてもよいだろう。素形物が通常の物体と大いに異なっていることは、変異の遺伝子を含んだ個体がその種の標準的な事例と異なっていることと同じことである。変異した遺伝子は遺伝子全体のなかでは限りなく少ない。しかしそれが引き起こす結果は非常に大きな相違を生み出す。

くわえて素形物という概念を用いるのならば、それに適合させるために、芸術作品は完全であり唯一のものであるという私たちの考えを原理原則から整え直す必要があるだろう。その変異したわずかな部分は、子孫に対して影響を受け継ぐことを強いる。しかもそのふるまいは種全体に影響を及ぼすほど決定的に異なったものだ。変異体とそれ以外のものとの差異は、生殖行為と道徳的規範となる行為との差異と同等のものである。変異性を帯びた素形物は変化の可能性を見せる。それに対して、一般通念上の美しさや悪趣味は、概してただ日常のなかで慣習的に反復されたり忌避されたりするだけにとどまる。

したがって私たちの関心は、特徴の寄せ集めで構成された全体像よりも、事物の微細な部分へと向かう。変異した部分、つまり素形物の特性がもたらす影響は力動的に変化を引き起こす。それに対して、物体の全体像は、賛同か嫌悪かという典型的な感情を刺激するだけであって、新しい可能性がそこで能動的に精査されるわけではない。

診断の難しさ

さらに厳密に考慮するならば、形の集合とは観念としてのみ存在するものである。それは、たとえばパルテノン神殿やランス大聖堂西正門[*5]の彫刻群、そしてラファエロによるヴァティカンのフレスコ画といった部類に属する素形物、つまり強大な力を発する事物でさえも、それを不完全にしか明示することはできない。これらの素形物の物質的な存在感は、時間のなかで不測の出来事と遭遇し例外なく弱まっていく。しかしながら、その発端としての地位は疑いようがない。それは比較的品質の劣る他の事物と比べてみても明らかだし、幾世代にもわたって芸術家たちが多様なお墨つきを付与してきたことからもわかることだ。ただし、パルテノンはペリクレス[*6]の時代まで生き残っていたアルカイック、つまりは古典期以前の決めごとで建てられたものではある。また、ランスの正門の彫刻群は幾世代もの人々によってつくられてきた。ラファエロのフレスコ画も含め、これらの素形物はすべて摩滅と減損を経たものである。生物学者の言葉でいうとこれら三つの例は表現型[*7]（phenotype）であり、私たちはそこから素形物であるところの遺伝子型（genotype）を推測しなくてはならない。

*5　ヨーロッパ中世を通じて最高の傑作としばしば言及されるランス大聖堂西側ファサードの三つの玄関口の側面は、それぞれ大小の彫像で装われ、ばら窓の上部には歴代国王の立像がニッチに収められた。

*6　ペリクレス（Perikles／前四九五ごろ～前四二九）。古代ギリシャの盛期を代表するアテネの政治家。アテネ民主制政治の完成者。

*7　遺伝子型がもとになって、生物個体の形態、性質、行動などに発現したもの。遺伝子の変化は必ずしも表現型の変化として表れるとは限らない。

しかしながらこれら三つの事例は、シークエンスが最高潮を迎えた時点で「登場」する現象を例示したきわめて特殊な事例である。このような登場はゲームの組み合わせと順列が芸術家にはっきりと見えた瞬間にしか起きない。その瞬間とは、芸術家にとってそのゲームの持つ潜在力を見極められる程度にゲームが十分に行われていなければならず、かつその可能性が出尽くしてしまい芸術家がもうあとのない末期的な位置に甘んじざるをえなくなる以前でなければならない。

初期であれ後期であれ、ゲームのすべての段階は登場の仕方によってさまざまだが、うちに素形物を含んでいる。しかし生き長らえている素形物は驚くほど少ない。現在その大部分は世界中の美術館や少数の個人のコレクションに収められている。また数少ない生き残りの素形物のうち、かなりの数を建築物が占めている。私たちに残された素形物のなかで多数が建造物であるのは、それらが不動で破壊されにくい物体だったからだろう。むしろ素形物の大部分は布や紙といった劣化しやすい物質からつくられたのだろうし、貴金属でつくられたが、そのあと必要が生じて鋳つぶされてしまったものも多数あったことだろう。

古典古代の例としては、パルテノン内部にはフェイディアスが黄金と象牙でつくった女神アテネの巨大像があった。しかしそれは今では巡礼者や観光客のためにつくられたみすぼらしい複製品によって知られるばかりである。もうひとつの例は、四世紀にコンスタンティヌス大帝統治下でつくられた華麗な品々だが、それは紀元三三三年に南ヨーロッパと北アフリカを旅した「ボルドーの巡礼者」による簡単で漠とした記述によってしか知られていない［原注7］。風変わりな旅人が残したこの記録は、初期キリスト教世界の大量の模倣品[*8]の一部となっている。しかし、それが幸いにも残っていたおかげで、テクストを確立し注釈をつけることに数世代を捧げた学者たちの労力は報われたのだった。素形物と大量模倣品の違いを示すとすれば、日々の新聞のクロスワードパズルを挙げることができる。パズルの作者による手書きの草稿は誰も残そうとはしない素形物である。そして人々が「暇つぶし」に地下鉄のなかや机の上でつくったその解答が大量模倣品である。

形のシークエンスは事物からしか推測できない。そして事物についての私たちの知識は素形物やその模倣物によっている。しかし素形物の数は悩ましいほど少なく、私たちに残された証拠のほとんどは写しや派生品である。それらは往々にして、確かな意図が感じられたオリジナルが与える印象からは遠いものになる。こういった質の劣った表現を扱うのに歴史家は多くの時間を費やさねばならない。

ここで、重大な疑問が出てくる。仮にあるシークエンスにおいて、最初の素形物が一貫性のあるシリーズを開始したとしよう。するとこのシリーズのなかで後続する素形物は、なぜ、その模倣物とはみなされないのだろうか。その発端としての特性が歴史的に確実に判明している素形物は限りなく少ないことを考え合わ

＊8　replica-mass　本書の場合、大量複製品というよりも、人々が書き、つくり、写しを繰り返した結果としての大量の模倣品を指している。

せれば、この問題は私たちにとって差し迫ったものである。多くの場所や時代において、集積した模倣物から素形物を識別することは不可能である。そのため疑問はさまざまな方向に広がる。たとえば、私たちはかつて素形物が出現するところに居合わせたことがあったのだろうか。そのような実体を純粋に取り出すことはできるのだろうか。素形物は本当に存在するものなのか。あるいはまた、私たちは単に形の集合の主要例に想像上の優先権、つまり後付けの象徴的な区別を与えているにすぎないのではないか。これらの疑問は見当違いな具体化へ私たちが導かれてしまわないように警告している。しかし、だからといってそれが先の基本的命題を弱めることになってはならない。あらゆる種類の人工物は、歴史上のシークエンスのなかでいつも人間の意向に対応してきた。素形物は発端的特性や変異的結果に相当するものだが、模倣物は素形物を増殖しただけのものである。その類型がきわめて古風なものであるにもかかわらずパルテノンが素形物として認識され承認されているのは、そのシリーズに属する他の神殿にはない多くの洗練を持ち合わせているからだ。しかし、アテネ国立博物館の「パルテノンのアテネ像」の複製や大英博物館の「ストラングフォードの盾」の複製などは、オリジナルを粗野にし、弱めただけで、そこには何の進展も見られない。

模倣品の多くは完璧に素形物を再現しているので、最も鋭敏な歴史的手法をもってしてもそれらを識別することができない。一方でそれぞれの模倣品が先行するものからわずかに異なっていく連続もある。そういった変種の集積は、単調な反復の苦痛を単に軽減するために、意図せずして生まれたのだろう。緩慢に続くその流れ[*9]（drift）は、やがてどこかで芸術家によって知覚され、秩序づけられる。芸術家は素形物によって方向づけられる新しい戦略の体系をそれらの模倣物群に施す。彼が参照したその素形物は、先行する別の素形物と同じカテゴリーに属している。しかしこれら素形物は形のシークエンスの異なる時期に属するため、歴史的には異なっている。ただこうした歴史的出来事を用いたモデルをもってしても、素形物を発見するのは難しい。私たちに断言できることは、素形物の数はすべてのシークエンスの集合における変化の決定的瞬間の数と同じだということだけだ。それらは気まぐれな覚え書きやスケッチとしてのみ存在したのかもしれない。それらの最初の出現は多くの場合、すぐ次に現れるその模倣物から区別できないかもしれない。考古学博物館の棚は、人工物の系列化についてのこのような概念を一覧させるように組織立てられている。類型別に整頓された模倣物のひとつのまとまりは、他の棚の別のまとまりとして隣接している。ふたつは確かな証拠にもとづいて異なる段階に振り分けられたのだから、よく似てはいるが同じものではないのである。それらは同じシークエンスに属してはいるが、異なる時期にあるか、地域が違うかのいずれかである。

これらの問題は次の章でも取り上げてさらに考えるとしよう。ここではもう一

＊9　のちに著者によってこの語が言語学用語であることが指摘されている。一二二頁参照。

度、素形物のとらえがたい性質について明らかにしておくことが重要である。芸術作品に作者が刻んだ署名や日付を確認できたからといって、その作品が素形物であることを保証するものではない。さらに、芸術のほとんどは匿名のものであり、必然的に大きなまとまりのなかに紛れてしまう。たいていの場合、素形物は模倣物の集まりのなかに消え、その発掘は非常に難しく解決しがたいものである。それは生物学上の種の識別可能な最初の個体を発見する困難さにも匹敵するだろう。実際、シークエンスに関する私たちの知識のほとんどは、模倣物の上に成り立っている。

私たちは素形物と模倣物とを区別するが、このやり方で、ヨーロッパとそれ以外の地域の美術との間の大きな相違を説明することもできる。私たちにとって、ヨーロッパの美術の方が、それ以外の地域の美術に比べて、発明の重要な瞬間に近づきやすい。ヨーロッパ以外の美術について、私たちは往々にして代わり映えのしない、ないしは質の悪い模倣物をもとにした知識しか持ち合わせていないのである。収集と鑑識に関する長い歴史的伝統は、中国、日本、ヨーロッパの人々にしかなかった。他の地域では、事物の継続的な蓄積が収集家や批評家の努力によって体系的に行われることがなかったために、素形物は事実上すべて視界から消えてしまった。

また、解決の歴史が連鎖していくシリーズにおいて、その可能性を使い尽くしてしまったがためにその形のシークエンスが閉じてしまうということはない。古い課題を新しい状況のもとで再び取り上げることは常に可能であり、またときに現実となる。戦後のフランスで、ステンドグラスの技術がジェモー・ガラスとして復活した例などはこれにあたる[原注8]。[*10]それは色ガラスの各色を鉛の枠で囲っていく従来の方法ではなく、透明な部分を用いてガラス片をつなぎ光の色調をつくり出す技法であった。この事例は新しい技術が古い伝統の再活性化を求めれば、その古い伝統全体が出発点となりうることを証明している。とはいえ、形のシークエンスはその再生のための技術的条件がいまだ現前しなければ、それを待つ長い間休止しているように見えるだろう。そのような休止した形の集合は、明白な完成の度合いによって、すなわちある発明が形の集合を拡張したときから経過した時間の長さによって位置づけられるべきである。この基準に照らせば、形の集合のすべては開かれたシークエンスとなる。私たちがある形の集合を歴史的に閉じたシリーズと呼ぶのは、単なる人為的な慣例によってなのである。

*10 Gemmaux glass　ダダイストであった画家ジャン・クロッティ(Jean Crotti／一八七八～一九五八)と物理学者のロジェ・マレルブ・ナヴァール(Roger Malherbe Navarre／一九〇八～二〇〇六)が創出した新技法。

連続する価値判断

芸術家と収集家、そして歴史家には共通する満足感がある。それは、昔の興味深い芸術作品は唯一無二のものではないと気がつくとき、つまりその類型が時代の新旧を問わず、あるいは質のよし悪しに関わらず、先行型(antetypes)と派生物

(derivatives)、オリジナルとコピー、変形と異型などの多様な事例のなかに存在しているのを知ったときに感じられるものである。このような状況のもとで私たちが感じる満足の多くは、ある形のシークエンスについて注意深く観察したり、時のなかに立ち現れる形の拡張や完成を直観的に感じ取ったりすることに由来する。

解決の連鎖が蓄積されるにつれて、複数の人々によってなされた探究の輪郭が明らかになる。それは美学における言説の領域を拡大させうる形の探究である。その領域は人間の情動に関連するものであり、事物や絵画、あるいは建物を単独で取り上げても、その真の境界はなかなか明らかにならない。作品は単独であるよりも、関係づけられ連結されたとき、一層満足感と理解をもたらすものとなる。レベッカ・ウェストが『奇妙な必然性（Rebecca West, *The Strange Necessity: Essays and Reviews*, 1928）』において、平凡な文学もそれが批判者を鼓舞するならば正当化されると言明したとき、彼女はシリーズとして作品群をとらえる評価方法があることに気づいていた［原注9］。

しかし、シリーズの一部として作品を評価することは、近代文芸批評の主潮流に逆らうものだった。この傾向は、「意図の誤謬」［原注10］、つまり、そのものに内在する価値ではなく外的な状況によって作品を判断することに異を唱えて、一九二〇年ごろに始まった。当時、ニュークリティシズムの批評家たちは、詩人の意図が何であろうともそれは彼の詩作の質を高める言い分にはならないし、詩の歴史的条件や伝記的条件がどのようなものであろうと、それとは関係なしに批評はすべて作品それ自体においてなされなければならないと考えたのである。

しかし、文学作品は言葉の意味だけで成り立っている。したがって、今述べたような批評の原則を視覚芸術に当てはめることはできない。視覚芸術において言語的な記号は副次的なものであり、そこではもっと基本的な問題が生じる。その問題とは「原典を確定すること」、つまり最も明確で最も矛盾のないシークエンスを見出すために、あらゆる版や異本を収集し比較することである。この問題は文学においては一般的なことで、詩であれ演劇であれ、それが研究者のもとに届く前に文献学の専門家によってすでに解決済みである。しかし事物の歴史に関する研究は実はこの「原典を確定する」こと、つまり主要テーマの「手稿」を発見しようとする段階のみを中心として成立している。

いかなる芸術作品もその輪郭が風化によって摩滅してゆくのは避けられない。その物理的形態は汚れや摩耗により徐々に消滅する。また、芸術家が構想を練り上げたときの足跡の多くも、その姿はいつの間にか消え去ってしまう。往々にして、芸術家は何の記録も残さない。そのため、私たちは作家の構想における各段階がどのようなものであったかを推測することしかできない。現在に比べておおらかだった芸術家たちはダイアグラムやスケッチ、ドローイングを惜しみなくごみ箱に捨てていたので、残っていたとしてもその数はわずかである。日々の労働から出た切れ端や削りかすを美術市場のために貯め込むなど、当然するはずもなかった。ギリシャやローマの彫刻では、この種の欠損が芸術家本人による最終的な完成へと至る過程の痕跡のほとんどを消し去ってしまった。私たちの手元にあるのは模倣物や貧相な複製ばかりで、それらが、視界から消えてしまったオリジナルの概念を、すり減らし、粗くして私たちに伝えている。このような状況下で「原典を確定すること」は困難ではあるが研究には欠かせない。そしてその作業を行う編纂者は今以上に報われるべきである。彼らの労力がなければ時のなかのシークエンスも、さまざまなヴァージョンの間にある距離の測定も、失われたオリジナルの権威や力がどんな程度のものであれ、その概念すらも、私たちは得ることができないに違いない。

確かに主題によっては些末で取るに足りないものもあれば、過度に事実依存的なものもある。しかし私たちがその領域を明確にしようとしている形のシークエンスは、些末に過ぎるわけでもなく、過度に事実依存的なところもなく、その間に位置している。些末な事例のひとつはボタンの歴史である。ボタンの歴史にはほとんど出来事と呼べるようなものがない。形や大きさ、装飾においてのみ、その多様体《ヴァリアント》が存在したが、困難に直面し克服してきた継続的期間が存在しない。一方、過度に事実依存的な例に、世界の芸術の歴史全体に関する教科書がある。そこには旧石器時代の絵画から現在までの主要な出来事が含まれなければならない。

教科書はある程度の人名や年代、芸術作品が置かれていた歴史的状況を理解するための一般的な原則を並べてみせるだけのものでしかない。それは参考資料なのであって、問題となる事柄を関係づけることはできず、解決することもできない。

さらにまた、歴史上の主題として取り上げられるもののなかには、出来事と出来事の間に直接のつながりはないが、互いによく似ているために結びつけられる事例がある。旧石器時代の洞窟壁画と、おそらく一七〇〇年以後につくられた比較的新しい南アフリカのブッシュマン[*11]の岩絵についてのよくある議論はその一例である。両者がそっくりに見えたとしても、ふたつのグループの間に論証可能な関連はない。そこには一万六〇〇〇年という時間的乖離があり、両者を歴史的につなぐものはない。事実、何かを関係づけようにも、一九世紀に発見されるまでに旧石器時代の洞窟壁画が人の目に触れたことを示すものは何もない。時代や分類に関して詳しいことが明らかになっていないため、それが内包する歴史は曖昧なままだ。しかし、これら旧石器時代の絵画とブッシュマンの絵画との偶然的な関係は、そこに現代美術をも含めた形のシークエンスのなかでの有意な要素として検討に値する。というのも、それらが実際に現代的な意識の流れに入ってきたのは一九世紀後半になってからであり、以降さまざまな人々が有史以前の「伝統」を吸収し変容しようと取り組んできたからである。

*11 現在、コイ人、サン人などと呼ばれている人々の総称として、かつて使われていた。

技術による一新

形のシークエンスの成り立ちを理解するには、手工芸の技術をめぐる問題についてその概要を調べてみることが役に立つかもしれない。芸術（art）という呼び名は、それ自体、策術（technical cunning）に意味が近い。芸術家とは、使い古され興味を引くこともなくなった時間と空間についての私たちの規範を、自身のそれと取り替えようとしている人々のことである。芸術家にとっては、かつて計画されたものの、幻に終わってしまったからくりや工夫も、まだ立派に役に立つ装置である。

職人たちの間では、技術的革新はしばしば新しいシークエンスへの出発点となりうる。そこでは伝統のさまざまな要素が可能性の光のなかでとらえ直され、再評価がなされる。その一例として紀元前六世紀の終わりごろ、赤像式陶画様式が黒像式陶画様式に取って代わったことが挙げられる［原注11］。そこでは図案を引き立たせるために図と地が反転され、地の役割は装飾的な土台から、距離感をもたらす背景へと置き換えられた。

陶芸家の焼成における技術上の変化は、もちろん陶芸の状況を刷新したいという陶画工たちに固有な要求により生み出されたのだろう。しかし「新しい」技術は、芸術家がそれを必要とし、獲得するはるか以前から、おそらく彼の手の届くところにあった。この、基本的ともいえる変化との関係における発明行為のあり方については、あとに触れなくてはならない。しかしここでは、最初のシークエンスを構成しているある項目がその性質を大きく変えるときに、そのシークエンスがあとのシークエンスにどのように座を譲るのかということを説明する方がより有益だろう。私たちは陶画の歴史から技術上の例を引いたが、画家の主題の問題や表現しようとする態度、あるいは遠近法での約束事などにおける革新からも他の事例を見つけることができるだろう。大事なことは、変化につながる潜在的なシリーズがはっきりと認知されたとき、形のシークエンスはそれに呼応するということである。

逆に技術上の革新があったからといって、多くの場合それがすぐに発展を引き起こすわけではないということにも注意が必要となる。紀元一世紀のヘロンによるアイオロスの球（汽力球）[原注12]は、蒸気機関の発達を支える経済的、社会的、機械的条件が人々の手元に揃うまで、一七〇〇年もの間、何の結果も生まないただの奇異な物体だった。この事例は、早く生まれすぎたために成長が遅れたシークエンスであり、似たような出来事は芸術においても見られる。かつてアンリ・フォシヨンは、そのような奇異な事例を描写するときに、「どのような成功の陰にも潜んでいる失敗」によく言及したものだ。たとえば一二世紀フランスにおいて優勢だった四分リブ・ヴォールト構造とともに散見される八分ヴォールト[原注13]がそうだが、これもまた成長が遅れたシークエンスの一例である。進化を阻まれているこういった形の集合が新しく実現する機会は予見できない。しかしながら世にも知られず完成もしなかった技術が長い間忘れ去られていたあとで復活し、さらに発展するということはときにみられたことで、とりわけ科学の歴史では珍しくはない。

シークエンスを構成する連鎖した解決群は、必ずしもひとつの工芸のなかだけに限定されたものではない。むしろ、異なる工芸が同時に活性化し始めるときに出現しやすい。たとえば、ギリシャの壺の陶画工は壁画家の絵画から多くの教示を受けただろうし、陶画からは（少なくともエトルリアのギリシャ様式の墓壁画において）いくつかの図案、たとえば行進の側面像などが取り入れられたと思われる。

形のシークエンスはこのように、数種類の工芸においてその実現が同時に見られるものなのかもしれない。奥行きと運動感を備えた新種の絵画空間《イリュージョン》をもたらした一七世紀の明暗法の光と影の強い対比はその一例である。壁面や天井面を飾るこの新しい構成はあらゆる視覚芸術においてあまねく急速に広がった。ヨーロッパにはこの表現形態の支配を免れた地方はない。その伝染病は都市から宮廷へ、あるいは宮廷から都市へ、また都市だけの国家オランダでは都市からさらに社会機構の隅々にまでくまなく蔓延した。罹患を免れたのは極端に孤立した共同体や、あまりにも貧困で新しい教会や住宅や絵画を手に入れることができない共同体だけだった。

不可視の鎖

「詩神《ミューズ》に霊感を吹き込まれる詩人」は、昔から伝統的に描かれてきた像のひとつである［原注14］。ペンを掲げた詩人が別世界からメッセージを授かる姿は、そこにより大きな意味があることを私たちに示している。彼の全身は天に向かって伸び、彼の衣服の襞は魂の息吹にはためく。福音を授かる伝道者の姿はその最もよく知られた型だが、教父や神学者として描かれることもある。天から霊感を授かる姿はまた、聖像を描いた画家たちの絵にも見られる。ロヒール・ファン・デル・ウェイデンが描いた祭壇画「聖母を描く聖ルカ」［原注15］に、フランドル市民として登場する聖ルカは霊光に包まれ、カロリング朝の装飾写本のなかで福音を授かる場面が描かれた福音伝道者たちと同じように尖筆を手に構えている。

福音伝道者や聖ルカと同様に、画家という存在もまた自身の意志のみに従う自由な行為者ではない。彼の状況は先行する出来事の連鎖と堅く結びついている。その鎖は彼には見えないまま彼の挙動を制限する。彼はそれが連鎖のなかのひとつの鎖であることを知らない。彼はただ「背後の力（vis a tergo）」、つまり背後に存在する出来事からの力としてだけそれを意識する。この先行する出来事がもたらす状況は伝統の道筋に従順に従うか、伝統に反抗するか、のいずれかを彼に命ずる。どちらにせよ彼の決断は自由なものではない。ぼんやりとそして間接的にだが圧倒的で抵抗できない強要として彼が感知する先行事例と、彼自身が生まれ持った気質の特性が彼を導くのである。

先行事例は気質よりも重要な意味を持っている。間違って古典的手法を必要とする時代に生まれてしまったロマン主義者や、厳格な規則に支配された時代に生きる革新者のように居場所を間違えた気質の例は美術史には数多くある。先行事例は気質が持つ多様な広がりのなかで選択的な作用を及ぼし、逆に、思想においても行動においてもそれぞれの時代は、その使い道に合った特有の気質を生む。芸術家たちの間では、先行事例が個人の行為を決定し、その結果、私たちが論議してきた形のシークエンスが彼らのもとで構成される。先行事例は、芸術家自身が最も深く関わっている探究の歴史をかたちづくっているのである。芸術家は、その探究において自らの位置を変えることができない。彼はその立場を実践するだけである。制作中の自身の作品にとりつかれるという主題は、多くの芸術家の伝記を見れば明らかである。伝記のなかの芸術家は、何をするにも、俗世間から隔たった強い力に駆り立てられている。彼は可能性という幻想に支配され、それを現実のものにするのだという強迫観念にとりつかれる。一心に励む彼の姿は孤独だ。その姿が、古くから詩人や詩神の姿を借りて表現されてきたのである。

シークエンスにおける先行事例と未来への可能性が、芸術作品の位置を決定する。一三世紀の建築家、ヴィラール・ド・オヌクールのノートにはラン大聖堂の塔のひとつをスケッチしたものがあり、その下には「このような塔は今までに他所で見たことがない」と記されている。この巡歴の建築家は、先駆者の作品をただ賛美していたのではない。彼は同時に「この優れた方法はすでに実現されていた。そして私はそれをさらに優れたものにすることができるのだ」とでもいうかのように先駆者に挑んでもいたのである［原注16］。

そのような未来への可能性は、それを探究する人々を支配するものらしい。ヴァザーリは、画面の描写を透視図法で構築する仕事にとりつかれたパオロ・ウッチェッロのことを記録している［原注17］。また、セザンヌの作品の多くからは、先行して実現されたローマ郊外の風景画や、彼がルーヴル美術館で研究したプッサンの方法を通じて、彼が理想の風景に長い間とりつかれていたことがわかる［原注18］。偉大な芸術家はおしなべて、このような強迫観念をさらけ出してしまう。その痕跡を彼らの作品のなかから読み取ることができるのだが、状況が変われば、マヤ文明のパレンケあるいはウシュマル*12の建築家や彫刻家たちのように、彼らの歴史的存在は消え去っていただろう。

おそらく、このように対象に没入するという状況があるおかげで、ひとりの個人は、関係のない事態に関心を持たないで済む。これは個人が特殊な状況下にいない限り、ひとつ以上のシークエンスに多大な功績を残すことは少ないというこ

＊12　パレンケは、メキシコのユカタン半島の突端に位置する。紀元前七世紀に栄えた都市国家のマヤ遺跡が残っている。ウシュマルは、ユカタン半島北部、メリダ市の南方約七〇キロにある古典期後期のマヤ遺跡。建築、彫刻の美しさで有名。

とでもある。もし特殊な状況があるとすれば、それは一連の形のシリーズの最後で起こる。このときに最後の一筆を加える特権を与えられた人物は、そのあとには別の形の集合にその労力を注ぐことになるに違いない。この種の労力の移行は、伝記的記述のなかでは、一般に芸術家個人の創作活動における新旧の影響関係に対応する、それぞれ別の時期のものであるかのように誤解されている。しかし時代の変化は、異なる発展段階にある複数のシークエンスとも関係する。それらのシークエンスから芸術家は発展性のある選択肢をつきあて、その過去に挑み、著しく進歩させることが可能となる。

孤立する芸術家と交流する芸術家

有利な位置を得ようと画策するゲームはあらゆる世代の芸術家の間で続いてゆく。そこには天賦の気質と才能の働きが提供する、さらに多様な要因が存在する。グエルチーノが、一六二一年から一六二三年ごろにバロックから古典様式へと移行したのは彼の依頼主を満足させようとしてのことだった。この種の変遷は、デニス・マオンが『一七世紀の美術と理論（Denis Mahon, *Studies in Seicento Art and Theory*, 1947）』で示したように、形式の下部構造の主要な変化との関連よりも、むしろ、画家とその周囲の人々との相互作用のなかで明らかになる。

シークエンスによっては、さまざまな種類の感受性の貢献を必要とするものがある。同じ時代の同じ課題に対照的な方法で従事する偉大なライバルという一対の存在は、こうした状況を明瞭に示すものである。プッサンとルーベンス、ベルニーニとボロミーニは、こうして一七世紀の絵画と建築の幅を広げた。現代になって原始芸術が再評価されたのも、エリオットとジョイス、クレーとピカソのような対照的な組み合わせによってである。このような対の存在や集団は、探究の幅を十二分に拡大しようとする状況があってこそ現れるものであって、どちらかといえば限られた興味によるものだけを厳選して眺める人たちからは生まれない。ウッチェッロやセザンヌは後者に属する。彼らはライバルと競い合うよりも、それぞれが何かにとりつかれた孤独な試行者たちであった。

各芸術はそれぞれに異なる気質を求める。絵画と詩とは他の分野以上に、孤立した性質の持ち主を引き寄せる。一方、建築と音楽は社交的な人を呼び寄せる。この人たちにとって協同作業は、分業や協調的パフォーマンスによって自身が最も満足するという、彼らの性質の必要条件となっている。たとえば、カラヴァッジョは芸術家のなかでも顕著な革新者であるにもかかわらず、社会的に孤立した存在であった。彼が伝統から隔絶していることが多くの人に知られていたか否かはともかく、彼自身はそれが必然的にもたらす孤立というものに気づいていた。カラヴァッジョの仕事からはごく親しい仲間や弟子たちの仕事が派生したが、彼らの仕事からは質的な深みが感じられない。一方、当時カラヴァッジョを賞賛した非専門家たちは、どちらかといえば彼の作品よりもその人柄について多くを知っていたように思われる。

通常こうした人物の経歴の範囲や、それがもたらしたものの全体にようやく光が当たるのは、その死後相当な時間が経ってからだ。それは、私たちが先行する出来事や後発の出来事に関連させて位置づけをすることが可能になってからのことなのである。しかしそのときまでには、当時の刷新の衝撃はもう消えている。これらの絵画や建築はかつて伝統と袂を分かったものだ、と私たちは自らに言い聞かせることもできるだろう。しかし現在、それらはまるで単に年譜上の隔たりから推測しうる当然の結果とでもいうように、すでに伝統に組み込まれてしまっているのである。

おそらくすべての重要な芸術家たちは、この単独で機能しうる集合に属している。一六世紀や一九世紀のように、ごく稀に芸術家が反逆者として世に出ることもあった。しかし多くの場合、芸術家は王室の一部である廷臣、つまり娯楽提供者だったのである。彼の仕事は他の娯楽提供者と同じように評価され、彼の仕事は観衆を不安にさせることではなく楽しませることだった。

今日の芸術家は反逆者でもなく、娯楽提供者でもない。芸術家が反逆者であるためには、望んで作品をつくる労力とは違った種類の大いなる努力を必要とする。娯楽提供者は、大衆を楽しませるための数多くの分野で専門職の同業組合を組織してきたが、今日の芸術家はそこからほぼ完全に締め出されてしまった。劇作家だけは依然として芸術家としてのみならず、娯楽提供者としても機能している。かつてないほど孤立した今日の芸術家は、ダイダロスのように、彼のごく近くの仲間を不思議がらせ驚かせてみせる風変わりな発明家なのである。

〔原注〕

7　オットー・クンツ『ローマ旅行記』(ライプチヒ、一九二九年、第一巻/O. Cuntz, *Itineraria Romana* (Leipzig, 1929), vol. 1)

8　W・パック「ジャン・クロッティのジェマイユ——先駆的な芸術形式」(『マガジン・オブ・アート』四〇、一九四七年、六八〜六九/W. Pach, "The Gemmeaux of Jean Crotti: A Pioneer Art Form," (*Magazine of Art*, 40 (1947), 68–69))。異なる色のガラスを、鉛の枠を用いず、薄板状にする点に新しさがある。この結果、ガラス片とガラス片の間の裂け目に濃淡のあるきらめきが生まれた。

9　R・ウェスト『奇妙な必然性』(ニューヨーク、一九二八年)、なかでも「批評の長き連鎖」(R. West, *The Strange Necessity* (New York, 1928), esp. "The Long Chain of Criticism")

10　W・K・ウィムザット・Jr、M・C・ビアズリー共著「意図の誤謬」(『スワニー・レヴュー』五四、一九四六年、四六八〜八八/W. K. Winsatt, Jr. and M. C. Beardsley, "The Intentional Fallacy," *The Sewanee Review*, 54 (1946), 468–88)

11　G・M・A・リヒター『アッティカの赤像式壺』(ニューヘイヴン、一九四六年、四六〜五〇頁/G. M. A. Richter, *Attic Red-Figured Vases* (New Haven, 1946), pp. 46–50)

12　A・G・ドラクマン『クテシビオス、フィロン、ヘロン——古代ギリシャ気体力学についての研究』（コペンハーゲン、一九四八年／A. G. Drachmann, *Ktesibios, Philon and Heron: A Study in Ancient Pneumatics* (Copenhagen, 1948))

13 H・フォシヨン『西洋の芸術』（パリ、一九三八年）、一八八頁、プロヴァンのサンキリアス聖堂「明日のない経験のひとつ」（H. Focillon, *Art d'Occident* (Paris, 1938), p. 188. S. Quiriace at Provins: "une de ces expériences sans lendemain"／神沢栄三訳、鹿島研究所出版会、一九七〇年）

14 A・M・フレンド・Jr.「ギリシャ語とラテン語写本における福音書記者の肖像画」（『アート・スタディーズ』五、一九二七年、一一五〜五〇、七、一九二九年、三〜二九／A. M. Friend, Jr., "The Portraits of the Evangelists in Greek and Latin Manuscripts," *Art Studies,* 5 (1927), 115–50; 7(1929), 3–29)

15 D・クライン『聖母マリアを描く画家としての聖ルカ』（ベルリン、一九三三年／D. Klein, *St. Luke als Maler der Maria* (Berlin, 1933))

16 H・R・ハーンローザー『ヴィラール・ド・オヌクール』（ウィーン、一九三五年、図版一九および四九〜五〇頁／H. R. Hahnloser, *Villard de Honnecour* (Wien, 1935), pl. 19 and pp. 49–50)。「この本をご覧になればわかるように、わたしは多くの国に出向いた。しかし、ラン大聖堂の塔に勝るものを見ることはなかった」

17 G. Vasari, *Lives,* trans. G. de Vere (London, 1910–12), 2, 131–40（ジョルジョ・ヴァザーリ『ルネサンス画人伝』平川祐弘他訳、白水社、一九八二年）

「また物事をあまりに詳密に扱おうとする結果、人物の姿形よりも遠近画法により注意を払う人は、側面描写の多い、無味乾燥な描き方におちいってしまう。それでそうした人々は、パーオロ・ウッチェルロのように、孤独で、奇妙で、憂鬱で、貧乏な人になってしまうことがまことに多いのである」（四七頁）

「しかし貴重な時間を気まぐれな研究に浪費してしまったものだから、ウッチェルロは有名になるどころか貧乏のまま生涯を了えたのであった」（四九頁）

18 ゲルトルーデ・ベルトルト『セザンヌとオールドマスター』（シュトゥットガルト、一九五八年／Gertrude Berthold, *Cézanne und die alten Meister* (Stuttgart,1958)）

つながる位置、時代、そして変化

数学用語（七五頁参照）で級数《シリーズ》と数列《シークエンス》は、それが出来事の閉じた集合であるか、開いた集合であるか、という点で異なる。前段まで私たちは、ほとんどの形の集合は、開いたシークエンスであると仮定してきた。しかしながら、ほとんどの形の集合は閉じたシリーズとしても扱うことができる。それは見る者の視点、つまり問われている出来事の内に身を置くのか外にいるのかによって、違ってくるからである。内側からはそれは開いたシークエンスに見え、外側からはほとんどが閉じたシリーズに思える。このふたつの視点を両立させるために、前節で輪郭づけた形のシークエンスの概念にそって、事物についての考えを組み立ててみよう。つまり事物を最初の現実化と、それに続く多量の模倣物という考えにもとづいて、数列の各項を加法の記号で結んだ有限級数に組み込まれる出来事として考えるのである。

シリーズの規則

シリーズにおいて連続している事柄すべては以下のように定義できるだろう。

1　不可逆的な有限のシリーズにおいてある位置を占めることは、残りの項数をその分減少させることである。
2　シリーズのそれぞれの位置で可能な行為は有限である。
3　ある行為を選択することは、それに対応する位置に関与することである。
4　ある位置を占有することは、あとに続く位置の可能性の範囲を限定し縮減する。

また、次のようにもいえる。新しい形が生じれば、それは、どのようなものであれ、同じシリーズのなかであとに続く革新を制限する。時間的状況がどうであれ、新しい形はそれ自体が、限られた可能性のうちのひとつである。したがって、革新は必ず自身の属する集合の持続期間を縮める。またそれぞれの集合の境界は、解決の連鎖を必要とする問題が存在することによって決定される。集合は小さいかもしれないし、大きいかもしれない。しかし、ここで私たちの関心を引くのは集合内部での関係であって、その集合の次元や規模ではない。

さらにもうひとつ定義すべきは、持続の様相である。シリーズはそれぞれに形の集合から生じるのだが、要求される労力に応じて、その位置づけのために最低限必要な長さの持続を持っている。小さな問題が要する労力は小さく、大きな問題は大きな労力が必要であり費やす時間も大きい。近道をしようと骨を折っても、それはことごとく失敗に終わる。シリーズの規則は、ひとつの位置がそれぞれに対応する期間のために占有されていることを必要とし、それは次の位置が占有されるまで続く。純粋な技術の領域では、それは自明なことである。蒸気機関は蒸気機関車よりも先に発明されるのだ。しかし、蒸気機関車に焦点を合わせるのであれば、蒸気機関だけでなく他にもたくさんの部品が必要になる。それぞれの部品は時間のシークエンスが持つ摂理に則して相応の時間を費やさねばならない。芸術作品の場合、最短の持続のルールは、もっと厳密で、受容や拒絶といった、集団からの態度によってはっきりと示される。それについてはあとに触れよう。芸術作品の持続には、技術分野にあるような幸運な発見という抜け道は通用しない。たとえば、発光塗料の発見は自然光のきらめきをカンヴァスの上に描きとどめようと専心している画家の助けにはならなかった。画家は旧来の材料を用いて、その型破りな目的を達成しなければならなかったのである。

手順を踏んで進むためにも、必要を充足させようとするさまざまな段階でその必要が繰り返し現れることを、また解決のための努力がなされている間は問題が持続することを認識しておこう。必要は問題を喚起する。必要は解決の連鎖と結びつき、シークエンスの概念へとつながるのである。生物学的隠喩に比べてこの概念ははるかに狭小だが、しかし柔軟である。なぜならこの概念は人間の必要と充足を考慮するためだけのものであって、必要と事物の間で一対一対応し、「ライフサイクル」のような不適切なものを介さないからである。この「必要」を明確に説明することは難しい。しかし、私たちは必要の規模ではなく、必要と事物の関係についてのみ議論することでこの難題を慎重に避けてきたのである。

系統年代

私たちはここで、持続というものの性質を検討しなくてはならない。シークエンスあるいはシリーズについて語ること、つまり必要とそれを満たすためにあとに続く段階について語ることは、持続の多様性を示すことでもある。とはいえ、始まり、中間、終わりあるいは初期や後期を語らずに持続を論じることはできない。ひとつの持続において、「後期」が「初期」に先んじることがありえないのは、わかりきったことである。それゆえ私たちは、形のシリーズのなかの一つひとつの事項について、持続する時のなかでそれが占める位置に従って系統年代[*13]を語ることができるのである。

それらがつながったシリーズであるということを理解してしまえば、視覚的特性は認識しやすいものなので、その事項が何であろうと、そこからその系統年代が明らかになる。年代的区分けの方法や種類について立ち入って論じることはこの本の目的ではないが、いくらかの基本的観察は欠かせない。初期[*14]（promorphic）の解決は技術的に単純で、消費するエネルギーは小さく、表現が明快である。後期[*15]（neomorphic）の解決は労力を伴い、困難で、複雑でわかりにくいが、生き

＊13　通常に私たちの使う「絶対年代（absolute age）」と対立する時間単位として、クブラーが提唱した。ひとつの事物が単体のシークエンスで成立することはほとんどなく、たいていは複数の特徴を兼ね備えた複合体である。この考えからクブラーは、ひとつの事物が含む複数の特徴はそれぞれに異なる系統年代（systematic age）を持っていると主張する。

＊14　生物形態学用語で基本形的、あるいは原初形態的を意味する。

＊15　同じく生物形態学用語。環境に適合するために先祖とはまったく異なる遺伝形質を持つようになること。

生きとしている。初期の解決は解決しようとする問題の全体を構成する要素となる。後期の解決は同じ問題の全体よりも、技術あるいは表現といった細部に向けた部分的なものとなる。私たちがここで用いる「初期の解決」や「後期の解決」は、考えうる最上の名辞である。こういった用語によって、「プリミティヴ」や「デカダン」または「アルカイック」や「バロック」といった用語に見られる紛らわしい混交を避けることができるからである。しかしこうした言い方は、形の集合の境界を明瞭に示すことで初めて有効になる。そうでなければ、ある集合の後期の解決と別の集合の初期の解決が見た目に類似した特徴を示すときに惑わされてしまうからである。初期や後期は、否応なしに定められた出発点との関係によるものである。これらはまた、時間のなかで視覚的位置を測る絶対的なものさしとでも呼べるものが考案されるまで、有効な基準として残るだろう。

ここで試しに、同時性という概念を検討してみよう。歴史の始まりの瞬間を除き、あらゆる瞬間には古いシリーズと新しいシリーズが同時に存在している。始まりの瞬間というまったく空想上の瞬間には、そしてその瞬間にのみ、人類がなしたあらゆることが同じ系統年代に属している。その次に来る歴史的瞬間からは二種類の行為が可能となる。それ以降ではほとんどの行為が儀式的な反復となり、新奇なものはきわめて少なくなるのである。

事物は、いくつもの同時性を示してくれる。それは、化石が示すふるまいにたとえることができるかもしれない。たとえば、スペインの西ゴートのレリーフ彫刻とマヤの石碑は、六世紀の同じ時期につくられた。これらはまったく関係のない事物だが、同時期に存在していた。西ゴートの作品は新しいシリーズに属し、マヤの石碑はきわめて古いシリーズに属している。関連性の極端な例をもうひとつ挙げるなら、一九〇八年ごろのパリにいたルノワールとピカソだろう。彼らはそれぞれにお互いの作品を知る間柄だったが、当時のルノワールの絵画は古い集合に属し、ピカソの初期キュビスムの絵画は新しい集合に属するものだった。これらの絵画は同時期の作品であり関係もあるのだが、異なる系統年代に属し、何の関係もないマヤと西ゴートの彫刻のようにまったく別々のものに見える。一方、レバノンのバールベクにおける後期ヘレニズム建築とローマのバロック様式の教会との類似性は早くから歴史家に注視されていた。さまざまな古代美術様式がどこかの古代を復興した美術様式と類似性を持つ例はよくあり、これらもそのうちのひとつである。このように系統年代は歴史的、地理的な違いと同じくらいに、はっきりと事物を区別するものなのである。

文明社会で生産された複合体の全体に対してもこのような系統年代が存在していることは、さまざまな目隠しによって曖昧にされてきた。確かに、陶器のかけらや石器の破片のみから社会的過程を読み取ろうという誘惑には、抗いがたいものがあり、何よりも雄弁に語る事物を通じて、そこで政治的革命が周期的に起きてきたことを伝えようとしがちである。しかし陶器のかけらや壊れた石の集合は政治的影響からははるかに遠く離れている。それらは昔の政治の営みくらいは映し出してくれるのだが、それは中世フランス王朝の抗争の様子をかすかに聞き取ることができる当時の吟遊詩人の詩よりも弱々しい。

博物館に並べられた壺や彫刻を施された石片のように、詩句を連ねて編まれてきた詩選の詩には、それぞれの系統年代がある。政治体制や文明も、系統年代によって分類ができるだろう。絶対年代とは別に、人類の文明の現象全体に適した系統年代というものがあるに違いない。それは事物の歴史全体を包含する開かれたシークエンスのなかで、人類全体の歴史よりははるかに短い時間であるにせよ、確実に持続してきたのである。

メキシコの範例

このような事柄を適切に示唆する例が、スペインが一六世紀メキシコの先住民に対して行った植民地支配である。征服後二世代にわたる初期の教会堂は、カトリックの托鉢修道会の修道士たちの監督のもとに、主として先住民の労働者たちによって建てられた[原注19]。一五七〇年までの修道士たちによるメキシコ支配の時代のなかで、それらははっきりと初期、後期のグループに分けることができる。初期の教会堂はリブ・ヴォールトを持ち、それらのうちのいくつかは一二世紀以降ヨーロッパでは使われなくなった様式に似ており、中世後期に端を発する装飾が施されている。後期のものは当時スペインで建てられていた教会堂のように古典を思わせる装飾を持ち、ドーム状のヴォールト建造には多くの技術的洗練が見られる。終わりの日と同様に、始まりの日ははっきりとわかっている。それは世俗化した聖職者たちがやってきて先住民の町にいた修道士たちを実質的に解任した日である。[*16]

ヨーロッパの植民地支配者にとって必要なものは明らかだった。メキシコの先住民を精神的にも支配するためには質の高い大規模な教会と修道院付属学校が必要だったのである。この必要から次に生じた問題は先住民の労働者をヨーロッパの労働慣習で訓練し監督することだった。このシリーズは托鉢修道会の聖堂を含み、またそれに付随する集合のほとんどをも含んでいる。先住民の側から見れば、まるですべてがゼロから始まったようなものだった。石切工は金属製の道具の使い方を、石工はアーチやドーム建設の原理と技術を学ぶ必要があった。また、彫刻職人はキリスト教のイコノグラフィーを、絵師はヨーロッパの一点透視図法の原理に加え、ものの外観を光と影で見せるために色の濃淡で形を描き出すことを学ばなければならなかった。征服以前から残っていた先住民独自の必要や問題は、どんなものであれ埋没したか消去されてしまったのである。しかし、先住民の職人たちが師であるヨーロッパ人たちの優れた技術と表現法を学ぼうと積極的に方

＊16　一五五五年の第一回メキシコ司教会議の前後を指すと思われる。それまでの宣教師の活動は比較的自由で、さまざまな布教手段が試みられた。しかし会議以降は、先住民のキリスト教化と同時にスペイン化が行われ、布教活動は植民地的な従属関係のなかで行われるようになった。

向転換していったことも多くの証拠が示している。

　メキシコ建築がキリスト教的なものに変容する過程には少なくとも三つの主要な「型《パターン》」があった。先住民の暮らしがそのうちのふたつを明らかにしている。ひとつは土着の習慣や伝統の突然の放棄であり、もうひとつはヨーロッパ的な新しい生産方法のゆるやかな習得である。この放棄と置き換えは異なる速さで起こった。三つめは、ヨーロッパ人である植民者自身を左右した変化である。この征服者たちは、すでに自国スペインにおいて折衷的な多様性に慣らされた世代だった。その当時の建築は主として中世後期のもので、イタリア・ルネサンスの導入は進んではいなかった。一五〇〇年から一五二〇年にかけての流行の先端はのちにプラテレスコと呼ばれる荒く躍動的な装飾の初期の流儀であり、当時のスペインでは「ローマ的」とされていたものである。一五五〇年には、ヴィニョーラの手法を基礎とした新しい建築がプラテレスコ装飾に取って代わろうとしていた。エスコリアル宮にはその兆候が最初に現れた。しかし、エスコリアルに近いセゴビアでは、その同じ時代に、中世後期のリブ・ヴォールトを持つ大聖堂の工事が一五二五年になって始まったばかりだった。棟梁や職人のなかにはゴシックの手法とヴィニョーラの手法を代わる代わる用いて、同時にふたつの大建築に関わった者もいたのである。

　こうしてみると、一六世紀メキシコ建築の状況はひどく複雑なものに思えてくる。しかしまた違った角度から見れば、何百万もの人々が関わった歴史的分岐点の事例のなかでもその構造をこれほど単純明快に示すものはない。一五二〇年代の先住民の行動とスペイン人の行動の間には大きな文化的隔たりがあった。その遠さは、シャルル五世（一四世紀）当時のヨーロッパと古王国時代のエジプトやシュメール人のメソポタミアに相当するほどのものだ。文化的発展がまったく異なる段階にある文明の間で、目まいがするような衝突が大陸規模で起こった。それらが近代ヨーロッパ史における植民地時代の各局面を特徴づけている。その結果はさまざまだったが、どの事例でも、同じ変化のメカニズムが繰り返されてきたのである。

歴史的変化を文法に置き換えるとメキシコ征服は語形変化と見ることができる。それは、この歴史的変化の基本的なメカニズムの主要な特性をひときわよく示してくれる。個人や集団の伝統的行動が挑戦を受け、敗北する。勝者からは新種の行動がもたらされるが、その習得過程においても学ぶべき行動自体は変化し続ける。このパターンは生活に決定的な変化が起きるときに、常に繰り返される。その最も小さい規模の例はおそらく日常言語の使用に関するものだろう。いわば私たちが信じてよいものかどうかわからない作法あるいは権威的な言葉に象徴されるような、今までにない新しいふるまいに私たちが侵略されたときに、この変化は起こる。そのとき、私たちはそれらの言語表現や、その表現が象徴的に提示するふるまいを受け入れるのか、拒絶するかの選択を迫られる。また別の規模でたとえるなら、毎年繰り返される女性のファッションが挙げられる。このような更新を決定する局面は、現在直面している問題に前衛がこれまでに試みられたことのない新しい解決方法を推進することに成功したときには、どの世代においても生じる。また、この局面は、同じ問題に時期遅れであったり進歩的であったりする解決を日々の些細な日常生活のなかで対置させるときにも、いつも生じるものである。ここでの「時期遅れ」や「進歩」といった用語は説明上のものである。これらの用語は、質の判断を意図するものではなく、そのときどきの位置で前後のどちらを向いているかを記述することによって、変化の瞬間の対照的な状態だけを示している。

言語の変化

言語学の研究における近年の発見［原注20］には、事物の歴史において私たちが変化を判断するうえで重要な意味を持っているものがある。ポルトガル語とフランス語、またワステク語とマヤ語のように同語族ではあるが密接な接触のない言語は、民族が分離したあとになって、個々の主体を超えたゆるやかな変化、言い換えれば「偏流[＊17]（drift）」的な傾向を示した。つまり、基本的な意味を選んで一覧にしておけば、単語の変化は単純な統計的手法で測ることができるというわけである。

＊17　言語学者サピア（Edward Sapir／一八八四～一九三九）が用いた用語。社会集団間に伝わる言語使用の様態を表す。言語の使用における変化は、個々の主体の意識を超えて、ある一定の方向へ言語や文化を突き動かしていく流れ（偏流）によってなされる。

驚いたことに言語の変化は一定の割合で起こり、しかもその総量からは、民族の分離という大昔の出来事を直接に計測することもできる。数多くのテクストとの照合や考古学的検証によっても、この言語変化の規則性のテーゼは裏付けられている。

歴史家は、文化的変化を不規則で予測不可能な出来事の集まりであると考えることに慣れてしまっている。確かに言語は文化全体にとって不可欠なものなので、歴史の不規則性や予測不可能性を言語もまた共有していると考えられる。しかし、それにもかかわらず言語の変化が予想に反して規則的であることはどのように説明されるのか、またその規則性は私たちの歴史的変化の概念にどのように影響するのだろうか。

第一に、変化に対する歴史家の考えは偏流についての言語学者の考えに近い。偏流は同語族間の言語がゆるやかに分離していく過程で現れる事象である。音声の分節の変化が累積的に積み重なって偏流が生じ、これは次に聴覚伝達を歪める干渉要素となる場合がある。電話技師のいう「雑音」とはこの干渉のことである。初期の状態が完全に反復されるのを妨げるこの干渉によって偏流や雑音は変化に関与する。

歴史的変化は、ある瞬間からその次へと、状態や周辺状況の更新が予測どおりに完了したときではなく、むしろ変更が生じたときに起こる。その更新のパターンは認識可能ではあるが、歪められ、その結果として変化が加わる。歴史において、いかなるパターンであろうとも忠実な反復を不可能にするこの干渉という要素は、たいていは人間には制御できない。しかし先に見てきたように、言語の場合の干渉には規則性がなければならない。そうでなければ伝達が成立しないからだ。つまり、雑音とは不規則で予測不可能な変化のひとつなのだが、言語が有効であるためには、この不規則性や予測不可能性を最小限に抑えなければならない。これは、不規則性を一様の「周期」へと変換することで果たされる。そしてこの周期的な雑音は一定の音程と音量を持つ「機械のうなり音（ハム）」のように、伝達に付随する伴奏となる。道具としての言語それ自体が気まぐれに変化するのならば伝達は成立しない。したがって言語における変化の割合には規則性が存在しなければならない。言うなれば歴史の雑音は、言語においては、一様で控えめで目立たないうなり音（ハム）に姿を変えたのだ。

このように言語の歴史理論における最近の進展によって、私たちには歴史的事実としての芸術作品の位置づけを再考する必要が生じている。ほぼすべての歴史的な出来事が無数の干渉を被ることから、歴史学では予測科学的な見方は敬遠されてきた。しかし言語の構造では、その規則性が伝達を妨げないような干渉しか許されない。翻って事物の歴史では、言語の歴史よりも多くの干渉が容認されるが、それは制度の歴史ほどではない。なぜなら、事物は意味機能を持ちメッセージを伝達しなければならないので、その本来の目的から逸脱すれば、自らのアイデンティティが失われてしまうからである。

事物の歴史のなかに芸術の歴史があることを、私たちは知っている。道具と比べ、芸術作品はよりいっそう象徴的な伝達システムに近い。この象徴的な伝達システムにおいて、伝達は複写に依存しているのであるが、ある程度の再現性が確保されるためには、そのような複写が発する雑音から自由でなければならない。また芸術の歴史は一般的歴史と言語科学の中間に位置しているため、結果的にそこには予測科学として意外なほどの可能性があることが証明されるかもしれない。芸術の歴史学は、言語学に比べれば非生産的だが、実はそれは、かつての一般的歴史学では考えられなかったほどに生産的なのではないだろうか。

〔原注〕

19 ロベール・リカール『メキシコの「霊的征服」』（パリ、一九三三年／Robert Ricard, *La "Conquête spirituelle" du Mexique* (Paris, 1933)）およびG・クブラー『一六世紀のメキシコ建築』（ニューヘイヴン、一九四八年／G. Kubler, *Mexican Architecture of the Sixteenth Century* (New Haven, 1948)）

20 D・H・ハイムズ「これまでの語彙統計学」（『今日の人類学』一、一九六〇年、三〜四四／D. H. Hymes, "Lexicostatistics So Far," *Current Anthropology*, 1 (1960), 3–44）および「語彙統計学再論」（同誌三三八〜四五／"More on Lexicostatistics," *ibid.*, 338–45）

第三章　事物の伝播

私たちを取り巻く事物はみな、各々の時代の必要に応じて生まれてきた。しかしこの言い回しでは、事物のあり方は断片的にしか説明されない。このような必要と事物の間の対応に加えて、実際には事物と事物の間にもまた別の対応関係が存在している。その様子はまるで、先に述べたシークエンスやその展開の可能性に魅入られた人間が関わって、事物がそれ自身のイメージの先にまた別の事物を生成していくかのようである。アンリ・フォシヨンが『形の生命』のなかでとらえた観念は、事物にそなわっているかのように見えるこの生産的な幻想力だった。そのあと、アンドレ・マルローは『沈黙の声（André Malraux, *Les voix du silence,* 1951）』において、より広大なカンヴァス上でその考えを増幅させ、展開した。そこでの見地は、事物の伝播は何らかの規則に従っているのかもしれないということであった。その規則について今ここでさらに検討する必要があるだろう。

事物の発生は発明、反復そして廃棄といった、私たちの事物に対する行為に触発される。発明がなければ、反復のよどみだけが残り、また複製がなければ、人工物はどれも決して十分な量になることはない。そして浪費や廃棄がなければ、あまりに多くの事物がその有用性が失われたあとも残り続けてしまうだろう。これらの過程に対する私たちの態度もまた絶え間のない変化のなかにある。それゆえに私たちは事物の変化を図式化すると同時に、変化それ自体についての概念が変化するのを追跡しなければならないという二重の困難に直面するのである。

私たちの時代は「変化」に対して相反する感情を抱いている。現在の生活状況は絶え間のない変化を受け入れることを必要条件としているにもかかわらず、私たちが知るすべての文化的伝統は永続的な価値を好む。つまり私たちはいわゆる「前衛主義」と同時にその過激な革新が引き起こす保守的反応をも育てている。これと同じ現象として、複製概念は教育の過程や芸術的訓練からは疎外されているにもかかわらず、私たちはこの産業化時代において機械によるすべての複製生産物を歓迎している。産業化における計画的消費という概念は、現代においてこそ道徳的価値を獲得しているが、何千年も続いた農耕文明においては非難されるべきものだった。

発明と変化

人間が経験する時間には、うんざりするような正確な反復と、混沌としためくるめく変化という両極がある。もし習慣的な行動が奪われたなら、都市が爆撃を受けたあとに見られるようなショック状態に陥り、人は新しい発明的環境に適応することなどとうていできるものではない。またその対極として、習慣から抜け出す機会を奪われた人々にとって、現実は憎むべきものとなる。囚人に科せられた罰がまさにこのよい例であり、足枷を嵌められた拘束のもとでのルーチンワーク以外に、その人が望む自由な行動が与えられることはない。

一般に発明とは、一大跳躍的な発展で、きわめて稀な出来事だと思われている。しかし実際には、日々のありふれたふるまいがもたらすもので、私たちがほんの少しだけそれを自由に働かせることでもたらされる。あらゆる異なった技術や職業には、それぞれにセヴンリーグブーツ[*1]のような、普通の靴に比べてより速く、より遠くへ跳躍できるおとぎ話に出てくる隠れた力が備わっていると人々は思いがちである。私たちはこの大いにロマンティックに歪められてしまった経験から徐々にしか抜け出すことができない。

＊1　seven-league boots　ヨーロッパの民話に出てくる魔法の道具。一歩で七リーグ（約三〇キロメートル）進むことができる。

いかなる集団でも発明に達する革新者はみな、ある種の困難に精通することを喜びとしている。そしてその人物が何かを発明し、それが要素間をつなぐかなめであったことに気づいた最初の人物となった場合に、彼は幸運な登場(二五〜二六頁参照)の受益者となる。このことは、また別の人物にも同じように起こりうるし、高い頻度で起きた場合もあった。チャールズ・ダーウィンとアルフレッド・ウォレスが種の起源の理論に関して、偶然の一致を見たというのもよく知られた事例のひとつである。同じような訓練、問題に対する同種の感覚、匹敵する忍耐力がこの一致を引き起こした。

私たちの言い方では、発明はそれぞれに新たなシリーズが始まる位置に相当している。ある発明が多くの人々に受け入れられると、その発明以前に継続していた位置にあった経路は遮断されてしまう。こういった断絶を被るのは、その一連のシークエンスのなかでその発明に最も近い関係に位置する解決群である。そしてこの断絶はその発明に関連のない範囲には何の作用も及ぼさない。私たちはそれを、活動的で同時性を持った膨大な数のシリーズがどの瞬間でも共存できているということを通じて知っている(二一三頁以降参照)。その発明以前の位置にある生産物は、痕跡だけを残して見向きもされなくなってしまう。しかしそれら以前の位置もそのあとに起こる発明の一部分なのである。つまり新しい位置が実体化するためには、発明者がそのシークエンスのなかで、以前の位置を超越した直観的な洞察力によってその構成要素を組み立て直さなくてはならないのである。またその利用者や受益者がその発明の有効な範囲を見出せるように、新しい位置には以前の位置に対してある程度の親和性が必要とされる。このように、発明のための技術にはふたつの区別可能な段階がある。つまり新しい位置の発見があり、それに引き続く既存知識との融合である。

発見からその適用までに時間差が生じることはよくあることであり、知識のどの分野においてもみられる。油絵の発明は、いくつかの時間や場所ですでに起こっていて、一五世紀になるころには画家たちが板絵を描く際にそれを利用するための準備が整っていたのである。また金属器は、古代アメリカで独自の発展を見せたいくつかの地域で発見されたと伝えられている。そのひとつが紀元前約一〇〇〇年ごろの中央アンデスであり、加えて紀元後一〇世紀以後の南メキシコ、紀元後一〇世紀以前の北アメリカの五大湖周辺の諸地域である。南メキシコの場合はアンデス山脈の民族から学んだ可能性を否定できないが、北アメリカの先住民が独自に金属を発見していたことは確かなことである［原注1］。

仮にある時代の人物を、他の時代の物質的環境のなかに時間移動させることを想像してみよう。これによって私たちは歴史の変化に対する私たちの考え方の本質をあらわにすることができるだろう。一九世紀のマーク・トウェインの小説に登場するコネチカット・ヤンキーと呼ばれる人物[*2]は、彼がタイムスリップしてし

＊2　アメリカの作家、マーク・トウェイン（Mark Twain／一八三五〜一九一〇）が書いた『アーサー王宮廷のコネチカット・ヤンキー（Mark Twain, *A Connecticut Yankee in King Arthur's Court*, 1889）』の主人公ハンク・モーガンのことを指す。内容は、一九世紀のアメリカ人である主人公が六世紀のイギリスにタイムスリップする物語。

まった中世の人々に最新の知識を啓蒙する特別の人物として描かれていた。しかし現代人である私たちにとって彼は、そのあとは気づかれることもなくすぐに消え失せてしまうような一瞬の火花にすぎない。このような空想が有益となるのは、すべての時代がそこで共存可能であるような、多元的な歴史世界の可能性を探査するところを想像するときである。もし四万年前の人と情報交換をしても、その冒険的企ては、旧石器時代の生活について私たちの知識が幾分か増えるだけにとどまりそうだ。私たちが今さら大きな動物を狩る技能を獲得したところで、価値はないだろうからである。また旧石器時代の人物には、彼らの日常的要求と無関係な私たちの時代の知識のどれをとっても役には立たないだろう。では反対の立場で、もし私たちが未来に遭遇する不運に陥ったとすればどうなるだろう。実際、一六世紀のアメリカ先住民がそうだったように、私たちは征服者の位置のすべてを受け入れて対応させるために自分自身のすべての位置を捨てなければならなくなってしまう。

言葉を換えると、与えられた新しい知識を受け入れる私たちの能力は、いかなるときにあっても既存の知識によって狭く制限されているということである。この二種類の知識には、おそらく一定の比例関係がある。私たちが知るほどに、より多くの新しい知識を受け入れることができるのである。つまり発明は現実から未来へ向かう明暗の境目に横たわっていて、そこでは今後に起こりうる出来事のおぼろげな形をようやく感じ取ることができるのみである。このような既存の知識によって狭められた限界は、いかなる瞬間においても発明が、その同時代が到達可能な範囲を跳び越えてしまわないようにその独創性を制限している。ある発明が可能性の極致にまで到達したとしよう。しかしそれが現在性の境界を越えてしまえば、それは不思議なおもちゃのままであるか、あるいは幻想の闇に姿を消していくことになるだろう。

芸術的発明

ここ三世紀の間に起こった発見と発明の数は、それまでに人類史全体のなかで起こったその数を上回っている。その速度と数は、人類にそなわった全世界に対する知覚能力の限界へと、いつの間にか限りなく近づいているかのようである。そのなかで芸術的発明と実用的発明とはどう異なっているのだろう。その違いは、人類の感受性が世界の残余と異なっていることと同じである。つまり芸術的発明は人類の感受性自体を変容させる。物理的、生物的環境のすべてに合致した実用的発明とは違い、芸術的発明は人間の知覚から生じ、知覚へ戻ってくる。実用的発明は人間の環境を変えることによって間接的にのみ人間を変える。それに対して芸術的発明は新しい客観的解釈ではなく、むしろ世界を経験するための新しい方法として直接に人間の意識を拡大するのである。

心理科学では、人間の能力のみを研究対象として扱い、人間が歴史のなかで変化していく意識の媒体のひとつであるとはみなさない。とりわけ美的な意味での発明の場合には、個人の意識上に関心を集中させる。つまり、美的な発明は治療のためでも説明のためでもなく、感情表現の選択肢を増やすことで人間の知覚の範囲を広げるためにのみ存在している。

中世後期に、北部ヨーロッパではポール・ド・ランブールによって、またイタリアでも同様に発明された、二次元平面上に世界のすべてを再現可能にする絵画的言語は、油彩画における技術的な発明とは違い、美的な発明だった。これに関連した表現言語を発明する努力が二〇世紀でも引き続き進化している。イメージからの独立を画策する抽象表現主義や固定された音程からの独立を画策する無調音楽がそれに該当する。

美的発明は、実用的発明が更新してゆく世界のわずかな部分だけにしか関係しない。だからといって、芸術的発明が実用的発明に比べて重要ではないということにはならない。それは、私たち人間としての感受性が世界に通じる唯一の経路だからである。仮にその経路を通過する容量を増やすことができたのなら、それに応じて世界についての私たちの知識も拡大するだろう。その経路がもちろん多くの実用的発明によって増大することもあるかもしれない。しかしすべての実用的な構築物は、極端に言えばそれに敵意を持つ感情によって破壊される可能性にさらされている。そこでは感情が私たちと世界とをつなぐ回路の主要弁のように作用している。確かにいずれは感情も化学的に、あるいは精神医学によって人工的に統御可能になるのかもしれない。しかしこれらの領域をもってしても芸術体験の手段を拡大することはできない。経路を拡大する行為は、常に芸術的発明の方に優先権がある。

大きなとらえ方をすれば、芸術的発明は精神のあり方の枠組みを変えうる多くの方法のひとつであり、他方で実用的発明はあらかじめ意図された手段で知識の範囲を囲い込んでしまう。

私たちはこれまで、芸術（art）と美学（aesthetics）という用語をほとんど同義語として使ってきた。その理由は美学においては純粋科学と応用科学の間にあるような明確な分離が成立しなかったことにある。重要な進歩は美学としてよりは芸術として記録されていることが多い。芸術について考察する際には、科学において欠かせない理論と応用との分離がほとんど意味をなさない。美学から理論の限界を学ぶ芸術家もいるが、美学者は芸術的な問題よりも哲学的な問題に関心を持っていて、芸術からはあまり学ぶことはない。

しかし実際には多くの芸術家の作品はたいていの美学者の著作よりも哲学的な思索に近づく。美学者の著作はときに体系的に、ときに歴史的に同じ範囲を繰り返したどり直すものであり、めったに独創性を持つことはない。クローチェとベルクソン以降の美学者たちは、哲学的な考察の活発な支流であることをやめてしまったかのようである。他方で主要な芸術的発明は、近代の数学システムに似ている。そこにいる創造者たちは保守的な前提を捨てた自由のなかで、それらを他のものに置き換えてきた。ここに理論と応用の間の、あるいは発明者と利用者の間の分離はなかったし、ありえなかった。つまりそれら両者は同一人物でなければならず、これらの成果の始まりにおいて画家や音楽家は、新しい知識の探究のために他分野では何人かに分配されるすべての役割を独力で果たしていた。

ここで事物の歴史における発明に話を戻すと、私たちはこの論議で以前に出てきたパラドックスと再び直面する。それは出来事の一回性とその一般化をめぐるパラドックスである。ふたつの事物、あるいはふたつの出来事は空間と時間の同じ座標を占めることができないから、すべての行動はその前身と後継で必ず異なったものになってしまう。つまりふたつの事物あるいは行動を同一であるとみなすことはできない。その意味においては、すべての行為が発明になってしまう。けれども私たちの思考および言語の組織全体は、この非同一性に関する単純な主張を否定する。私たちが世界を把握するには、集合や類型、カテゴリーといった同一性の概念を用いて世界を簡素化する作業、つまり本来的に同一ではない出来事が無限に継続する状態を、類似による有限の体系へと配列し直す他にはない。いかなる出来事も繰り返すことはないというのは存在の本質である。しかしそれに対して私たちの思考の本質から言えば、私たちは諸出来事をそのなかに見出された同一性によってしか理解できないのである。

慣習と発明

日常的行為においても、執拗にこのパラドックスが姿を現す。それぞれの行動は、その属する集合の先行する動きから外れることによって発明となるのだから、発明はいつでも誰にでも開かれている。結果として、発明はふたつの方向で誤解を招いてしまう。ひとつは日常的反復からの危険な逸脱として、もうひとつは未知の領域へ向けての不用意な過失としてである。たいていの人々にとって発明的な行為とは礼節に対する過失である。その過失とは、反復する儀礼的行為への冒瀆という恐ろしいアウラに取り巻かれている。人々は非常に入念に慣習を教え込まれているので、偶然にでも未知の領域に陥ることはほぼ不可能である。

したがって多くの社会はあらゆる発明的な行為を禁じ、儀式的な反復に報いる方を好んだ。そして発明的な変種が認められることはなかった。また、過去のどの社会形態をとっても個々の人間に自身の行動を無制限に変える自由を許すような仕組みを取り入れることもなかった。すべての社会は、それが本来不規則で個人的な偏りを含む群であるにもかかわらず、その進路を一定に保つジャイロスコープとして作用する。このような社会的本能がなければ、存在は、慣例による摩擦のない、先例による引力のない、そして方向づけられた伝統の経路のない世界で、まるで重力から解放されたかのように漂ってしまう。すべての行為が自由な発明となってしまうだろう。

だからこそ、人間の立場は非常な労力を要した偉業だけを発明として受け入れる。新しい製品による絶え間のない更新に依存している産業社会においてでさえ、発明行為そのものは大多数にとっては不快なものである。現代の生活において発明が稀であるのは、変化することへの恐れに対応している。今日における教養の拡大は、新しい行動や新しい思考との幸運な遭遇によってではなく、むしろ政治的宣伝や商業広告から抜き書きした決まり文句によって先導されている。

このようにして、社会の大多数によって拒絶された科学と芸術双方の発明的行為は、慣習がほころびつつある境界に生きるひと握りの人たちが優先的に行使することができた。そのなかでも特に例外的な人間だけが、はるか遠くにたどり着くことのできる、登場の機会の端緒を握っていた。そして各世代にごくごく少数の人間だけが、古い見解に段階的刷新を迫る新しい位置にまで到達できたのである。この行列の連鎖を先導するのは、通常の考えから最も遠くに逸脱するような偉大な数学者や芸術家である。他の発明者の連鎖はずっと短く、その発明の大部分は家具を配置替えする程度のものである。それは単に新しく生まれた対立から起こっているだけのもので、存在の核心に関わる新しい疑問から起こるものではない。

実際これらの事例を見れば、発明的行為にどのような種類があるのかについての輪郭が浮かび上がってくる。比較的ありふれた発明の枠に入るものとしては、本来無関係であった一連の知識の接触や対立から生じる発見のすべてである。この接触は伝統的実践を伴いつつ何らかの新しい原理をもたらすかもしれない。また無関係であったいくつかの要素間に生じた対立は新しい解釈を呼び起こし、それらの位置をそれぞれに引き立たせるか、あるいはまとめて明らかにするかもしれない。このような結果は、何らかの原理の拡張であろうと新たな説明的原理であろうと、そのすべてが観察者にとっては既知の要素間の対立から生じている。

また根本的発明という、さらに稀なケースもある。これは発明に与えられた既成の位置づけすら破棄してしまうものである。つまり探究者は自分独自の仮説の体系を構築して、その仮説によってのみ解き明かすことのできる未知の世界の発見へと乗り出してゆく。そこで起こる対立とは、未踏の座標とこれまでの経験全体との間で生じる。つまりそれは、いまだ試されていない方向と動かしようのない現実感覚との間で、あるいは未知と既知、仮定と既定との間で起こっている。これが根本的発明の手法である。そしてそれは、新しい数学原理が応用数学と違うように、単なる対立による発見の方法とは異なっている。

仮に実用的発明と芸術的発明の相違が、環境そのものを変えることと環境に対する私たちの知覚を変えることの相違に対応しているとしよう。その意味で、芸術的発明は知覚の観点から語られねばならないだろう。大多数の芸術的発明の特性とは、先行するものから明らかにかけ離れた位置にそれらが存在することにある。実用的発明は、歴史のシークエンスのもとで眺めれば、そこに芸術的発明にみられるような一足飛びの跳躍や断絶は現れない。そのすべての段階は、細密に嚙み合わさった秩序に従って、以前のものに続いて現れる。これに対して、芸術的発明は、まったく異なった階層が結合しているように見える。ただし、それらの階層が結びつくときにどのように変化したかを明らかにするのはきわめて難しいため、それらの存在には常に懐疑がつきまとってしまう。

歴史的なシークエンスにおける芸術的出来事の主要な構成要素には、内容と表現の予期せぬ変化がある。ある形態言語が突然すべて使われなくなり、これまでとは異なる構成要素や今まで知られていない文法による、新しい言語に取って代わられる。たとえば、一九一〇年ごろに欧米で起こった美術と建築の突然の変異がそれにあたる。当時の社会構造は分裂しておらず、実用的発明の構造は関連する秩序に従って途切れることなく続いていた。しかし芸術的発明の構造は突如として一変した。それはまるで、これまで受け継がれてきた形式の蓄積がもはや事実上、存在の意味に対応していないことに多数の人間が突然に気がついたかのようだった。この新しい表出的表現は、今日ではすべての造形的で構築的な芸術のなかで当たり前のように親しまれているものであり、精神の新しい解釈、社会の新しい態度、そして自然の新しい考えに対応する表現である。

通常、互いに隔てられた思考の更新はゆっくりとなされていく。しかし芸術における その転換は、まるで瞬間的とでもいえるものだった。つまりそれまでの表現方式とあまり緊密に結びついていなかったもの、たとえば私たちが今日、現代芸術として認知しているものの構成全体は一気に現れてきたのである。実用的発明品による累積的な変換のすべては、ゆるやかな過程で起こった。しかし芸術の表現様式に対応する知覚の認知は不連続で、突然で、そして衝撃的なものだった。

だからこそ芸術的発明の性質により近いのは、新しい基準から導き出される発明であって、実用科学の特徴でもある単純に対立した対応関係から導き出された発明ではない。ここで再び、素形物を複製物から区別するために、両者の基本的な相違について簡単に触れておこう。素形物は根本的発明に関係しているのに対して、複製物における原型からの変化は小さな発見によるものであり、この発見もすでに過去になされた単純な対立を基本としたものである。それゆえ根本的発明はシリーズの開始の時期に起こる可能性が最も高く、多くの素形物がそこで現れる。これは科学的な証明よりも芸術的な創造に似ている。やがてシリーズも「年老いて」その最後尾になると、現れる素形物は当初の数より減少する。

私たちは現在という瞬間を、過去と未来の間の滑らかな移行であると感じている。ただしその考えは、根本的発明と素形の発生が認められるときには当てはまらない。発明や素形物は、物理学上の巨大エネルギーによって時間をかけて生成される、ごくごく少量の新物質のようなものである。現実のなかでのそれらの出現は、すべての人間に判断の修正を余儀なくさせる。その新しい知識の微片は、瞬時にではなく徐々に、すべての個々の存在に浸透するまで、ゆっくりと成長していく。

〔原注〕

1 P・リヴェ、H・アルサンドー『コロンブス上陸以前のアメリカにおける精錬について』（パリ、一九四六年／P. Rivet and H. Arsandaux, *La mlétallurgie en Amérique précolombienne* (Paris, 1946)）

模倣

自らを変革に捧げた現代はまた、この世界を満たす模倣物のなかにある単純な階層構造をも発見した。私たちはそこに驚異的な模倣行為があることを示した。ほんの一例を挙げれば、たった三十数種類の異なるエネルギー状態にある素粒子があり、それがあらゆる物質の構成要素として一〇〇種類程度の原子を成立させ、さらに生命も遺伝子情報の伝達により複製され、この過程の始まりから今日に至って、記載された動物種の数はようやく二〇〇万種までになった。*3

歴史を満たしてきたこの模倣行為は、実際、過去の多くの瞬間の長期にわたる安定を長らえさせ、私たちが目にするあらゆるもののなかに意味や型を生み出してきた。しかしながらこの安定性が完全であることはない。つまり人工のものであればどのような模倣物も、その原型からは微細に変化していってしまうからである。それは誰の計画でもない逸脱である。その逸脱が蓄積される様子は、原型からゆっくりと離れてゆく「偏流」（二二一頁参照）のようである。

「模倣」という用語は廃れて久しい。体裁はよいが流行遅れの言葉である。しかし私たちはこの言葉をここで甦らせようと思う。それは「複製」という概念につ

＊3　本書の刊行が一九六二年。ニュートリノなどの観測装置である泡箱の発明が一九五二年、ＤＮＡの二重らせん構造発見が一九五三年である。なお、素粒子物理学の世界では、きわめて不安定で短命の「素粒子」が次々発見された時代があり、一時はその数は三桁にまで及ぶとされたが、現在「標準モデル」と呼ばれる理論では、一七（ヒッグス粒子を含めば一八）の素粒子に整理されている。動物種の数は当時も今も研究者により幅が大きいが、二〇一一年、国連環境計画は約七七七万種という推計値を発表した。

きものの消極的な評価を避けるためだけではない。同時に、「模倣」には出来事の繰り返しによる微細な変化という本質的な特徴が含まれていることを示したいからである。どんなものであれ持続的な反復行為には「偏流」が不可欠であり、その「偏流」は誰に望まれたわけでもないごく小さな変化を引き起こしている。それゆえに、このゆっくりとした歴史の動きにこそ私たちは特に興味を引かれ、夢中になるのである。

永続性と変化

仮にいかなる規則的なパターンも含まない持続を想像してみよう。決して繰り返されることはないのだから、そこに識別できる特徴は何もない。それはどのような種類の数量も、実体も、属性も、出来事も伴わない持続である。それは空虚な持続であり、非時間的なカオスである。

時間についての私たちの実際の知覚は規則的に繰り返される出来事にもとづいている。その点で、予見できない変化や多様性の上に成り立っている歴史への意識とは異なっている。変化なくして歴史は存在せず、秩序なくして時間は存在しない。時間と歴史の関係は、規則と変化の関係にある。つまり時間とは歴史という気まぐれのために存在する基準値である。模倣と発明もまた同じような関係にある。つまり介在しているすべての模倣を排除した、純粋に発明だけのシリーズはカオスへと接近する。そして変化なき模倣物に埋め尽くされた永遠は、形を持ちえない世界へ接近する。つまり模倣物は規則性と時間とに関係し、発明は変化と歴史とに関連しているのである。

いかなるときでも人々のあらゆる願いは、模倣と発明との間を揺れ動いている。言い換えれば、周知のパターンに戻りたいという欲求と、新たな変化によってそこから逃れたいという欲求の間で引き裂かれている。概して過去を繰り返したいという願望は、過去から逃れたいという衝動よりも勝っていた。いまだかつて完全に新しい行為が存在したことはなく、変化なくしてある行為が完全に成し遂げられるということもない。すべての行為において、手本への忠誠とそこからの離脱は救いようがないほどに混ざり合っている。両者の比率は、時と状況に応じてわずかに変化しながらも、意味認識を可能にする反復を保証してくれている。手本から変化した実際の量が忠実に複製された量を超えたとしたら、それこそが発明となるのである。世界中の模倣行為が反復される絶対量は、その変化の量を上回るに違いない。そうでなければ、世界はもっと気まぐれで変わりやすいものになっているだろう。

日常的慣例の解剖学

模倣は結合させる行為に似ている。複写はどれも粘着質で、現在と過去を結合するかのような性質を持っている。世界は自らに似た形を永続的につなぎ合わせることによって、それ自体の形を保っている。変化が無制限に起きることはカオスと同義である。生活における慣習的行為の数は、日常のなかでそれが変形したり分岐した行為の数々をはるかに上回っている。日常的習慣という囲いは実に厳重に人々を拘束しているので、誰かが発明的行為に及ぶことをほとんど不可能にする。つまり人間は、綱渡り師のように安全ロープで落ちないように縛りつけられていて、たとえ人が未知の世界に落ちることを望んだとしてもその世界へ落下することはできない。

どのような社会も、日常的慣例という目に見えない多層構造のなかに個人を拘束し、またそれによって個人を保護している。単一の存在である個人は身体生活上の儀礼的義務に取り巻かれている。また、これほど密でないが家族生活の一員という別の慣例の囲いが個人を拘束し守っている。家族によって構成された集団は地域をつくり、地域は都市をつくり、都市は地方を形成し、地方は国家をつくり、国家は文明社会を組み立てる。それぞれが連続しているこれら慣例の各層はより広がり、破滅的な独創性から個人をさらに遮断している。各層はそれぞれに中心を残しながらも、これら構造の全体は多数の層で一人ひとりを保護している。なかには慣例の囲いが少ない人物の場合もあるが、とはいえ誰もそれら慣例の囲いから完全に逃れることはできない。これら全体のシステムは互いに連結しそれら慣例を支え合うのだが、当然、多様な条件に応じてこのシステムは動揺し、膨張し、そして収斂する。それは多数の条件へ対応していくうちに、持続的な固有性を持ち続けることは、少なくともありえない。すでに私たちが観察したように、いつにおいても、変化自体を目的とした変化は、反復的な行為のなかにおいて現れる。それは書記が、彼がしたためねばならない多数の同じ文言の招待状に、退屈紛れに誰にも気づかれることのないバリエーションを挿入することに似ている。

前述の指摘は、慣習的行動が社会を維持している側面のみを単に説明している。しかし、まったく同じ行為が連続的に反復する場合には、また別の側面が現れてくる。というのも反復行為はそれぞれに、ほんのわずかにではあるが以前の段階からは異なったものになる。その連続的な変化の過程には外的要因からの影響を受けることなく徐々に変化するものもあれば、ただつくり手が変化を渇望することに起因するものもある。それは長い繰り返しの期間を通じてやがては明確に異なったパターンを描き出す。この側面への説明と分類は本書であとに試みることにしよう(一八九頁参照)。これらの行為の持続はまるで繊維のようにからまりつながっていて、一つひとつを検証することは容易な作業ではない。その始まりと終わり、そしてそれら各々の境界はきわめてとらえどころがない。そしてそれらの確定には、歴史家ではまだその法則を扱えない特別な幾何学が必要なのかもしれない。

行為は、反復されて初めて認識可能になる。しかし何であれ行為について研究を始めるとたちまち私たちの前には、解決しようのない難問が立ちはだかる。いったい何が行為の基本単位なのだろう、そしてその数はどのくらいあるのだろう？私たちは研究対象を一気に事物に制限したことによって、それに関連する行為を具体化した生産物にまで絞り込むことができ、相当に簡潔なものになった。その結果、私たちは行動を事物として扱えるようになった。その研究領域はいまだに制御しきることはできず複雑なままではあるが、今では、流行や折衷的復古からルネサンスまでをも持続期間に関する現象群として視野に収めることができている。これらの現象はそれぞれ、社会への参画を確実なものにするための数多くの儀礼的身振りを必要とする。しかし、その一つひとつは、それぞれに特有の持続期間を持っている（一九三頁参照）。

複製物（copy）に対する私たちの考えは今や行動と事物の両方を含んでいる。「行動」をキーワードにして私たちは習慣、慣例から儀式までを含めた反復行為一般を考察してきた。次に事物について、特にその正確な写しである複製物と、近似的な写しである模倣物との関係に興味の対象を移そう。まず、この事物と行動の双方には象徴による連想が付随している。象徴は、反復があるからこそ存在している。その同一性は、与えられた形に同じ意味を当てはめる能力が象徴の使用者間で共有されることに依拠している。だからこそ象徴の使用者は、他者に対してその連想をいっそう強めてくれるものと期待して象徴を用いる。その人はまた、象徴に対する解釈の差異よりも、類似の方を期待している。実際、どんな複製物も象徴の連想からの大きな支えなしにその存在が認められるとは思えない。たとえば、私が一九四九年にペルーの山岳地帯にあるビコス地方の羊飼いに彼の写真を見せたときである。その羊飼いはそのときまで写真というものを見たことがなかった。彼は「平らでシミの模様がついた紙」の上下左右もわからず、それを自分の写真として判別することができなかった。なぜなら彼以外、つまり私たちが苦もなくやってのける二次元から三次元への翻訳は、実は複雑な慣習的反応を必要とする行為なのである。

この解釈で見通すと、すべての事物と行為と象徴、言い換えれば人間の経験の全体は、発明が起こす急な跳躍によるものよりも微細な改変によって徐々に変化していく模倣によって成り立っている。人々は長い間、万有引力や血液の循環といった大発見によって代表されるような大きな変化のみが重要であると考えてきた。同じ書類の写しを複数の筆記者が作成すればごくわずかだが変化が現れる。そのような変化によって区別される小さい変更は取るに足らないものとして片づけられてきた。しかしここで提示した解釈では、長期間にわたる変化も短期間に起きる変化と類似したものになる。さらに、その文脈全体から推し量ると、大きいと思われていた変化の多くも実際には小さいのである。たとえば他人の集めた情報を収集している歴史家も、いっそう満足がいくそれらについての解説によって、その情報全体を再び解釈することが可能になる。その行為はすべてが彼の業績として数えられてしまうが、彼が果たした個人的な貢献は以前の情報と同じ程度の規模であり、したがって彼の理論も全体を支えている情報のひとつにすぎない。ゆえに、従来は種類が異なるとみなされていた差異も、単なる程度の差にすぎない可能性がある。

さて、私たちの生存環境の範囲は非常に狭い。寒すぎても暑すぎても、空気が薄すぎても空気が悪すぎても私たちは死に至る。多種多様な変化に対する私たちの許容限界も、おそらく同様に小さい。現在という瞬間が極端に狭いバルブの役割を果たし、現実へと流入する変化の総量を規制しているからである。

世界は、ひとつの瞬間からその次に至るまでは認識可能なまま存在している。つまりそれぞれの瞬間はその直前に起こった瞬間のほぼ正確な複製物である。そこに生じた変化は全体に比較して小さく、その変化は私たちが瞬間的な持続と認識している範囲に比例している。この考えは私たちの直接の経験に一致している。つまり、この瞬間から次の瞬間に至るまで世界の運動の状況はそう大きくは変わらないだろうが、次の年にまでに至る間の出来事の推移では何度もその方向を変えてしまっていることだろう。大きな歴史的変化は長い持続期間を占めている。だからもし仮に事務的な計量が正確に行われたとしても、偉大な出来事が短い時間に割り当てられることはまずありえない。過去をとらえる慣習的な表現は、あたかも歴史が偉大な出来事によってのみ構成され、それらの一瞬一瞬は中身のない持続期間が積み上がっていると考えるように強いている。

歴史的偏流

ほとんど同じ瞬間の連続が蓄積したものとして時間を見てみると、そこにある動きの型が見えてくる。そのごくわずかな違いは長い期間をかけて積み重なり、しまいには大きな差異となって逸脱していくのである。「動き」とは、ある模倣物のシリーズの初期と後期の間に起こった変化に対する誤った命名といえるだろう。事物のシリーズでは、個々はそれぞれに異なった時間につくられているが、とはいえ同じ形を起源に持つ模倣物としてすべて関係している。それらは時を通した動きとして描き出され、映画におけるコマの連なりのような姿を現す。映画は、ひとつの活動のなかで連続する瞬間を記録し、光の束を明滅させ続けながら運動の錯覚を生み出すのである。

模倣の過程には対照的なふたつの動きがある。それらは、質のよさへ向かう動きと質のよさから遠ざかる動きとして説明できるだろう。質の向上とは、模倣する作者がその原型にさらに洗練を加え、豊かなものにすることにたとえられる。それは才能ある生徒が平凡な先生の演習課題をよりよいものにつくり変えるときや、ベートーヴェンがスコットランドの歌曲をより豊かにするときのことである。[*4] 逆に質の劣化が明白になるのは、その製作者が原型に備わっていた洗練を失わせていくときである。その理由には経済的な場合や、原型が持つ全体観や重要性を理解する資質が欠けている場合がある。小農が模倣した宮廷の調度品や衣装、才能のない弟子が複製した絵画、模倣を定常的に粗悪にしていく田舎風のシリーズなどは質の劣化のよくある例である。さらに産業化がもたらした事例は顕著である。よいデザインの品物が大量生産されると、より広いマーケットやより厳しい競争にさらされて、生産者は値段を下げるためにデザインを単純化し、その製品が必要とするぎりぎりの強度を保つまでに組み立て部品の数を可能な限り減らしてしまう。したがって質の悪化には少なくともふたつの異なる速度がある。ひとつは田舎風で粗雑へと導かれるものであり、もうひとつは営利主義で安っぽさに導かれていく。このようにして田舎風と営利主義は、質の退化に関係している。

五千年ほどさかのぼるとそこには大きな町も長距離交易もなく、ただ農耕と漁労の集落だけがあった。人類がつくる共同体が田舎風と営利主義という段階を生み出すのはずっとあとになってのことである。これら最初期の記録は、今日の製作品よりも質のうえで多くの段階に分かれてはいなかった。ある村の陶器を一世代程度の間隔で見てもほとんど違いは現れてこない。もっと長い時間を経て、ようやく私たちは同じシリーズ内の産物のなかに前後期という時間的スケールで

＊4　ベートーヴェン（Ludwig van Beethoven／一七七〇～一八二七）は、スコットランド人のジョージ・トムソン（George Thomson／一七五七～一八五一）の依頼で一〇〇曲を超えるスコットランドなどの民謡を室内楽に編曲している。

各々の地域的伝統や位置づけの相互作用を認めるようになる。都市的なものや中央からの影響という考え方は、都市群の出現があって初めて人の意識に上がってきたものである。それと同様に連綿と続く工芸的伝統に支えられた洗練という考え方は、特別な職工が贅沢品を創造するのを容認するだけの貧富の差があってこそ人の意識に上がってきたものなのだろう。田舎風へと向かう退化は営利的な俗悪化より確実に古いものだ。とはいえ村の単調さは、すべての文明化した生活の質的等級の、最古のものであり続けている。

廃棄と維持

変化は実体が集合し、または離散するさまざまな道筋から生じる。現在性はそれら実体の瞬間的な配列であり、歴史はその連なる位置とそれら相互の関係性を扱っている。人間の実体に活動の違いがあることは、私たちが「需要」と呼ぶ他ない力のカテゴリーが存在することを示唆している。ここで問題とする廃棄と維持は、他の過程とともに、この「需要」という力の場に帰属する。この力の場は、空腹と満足、あるいは快楽と嫌悪という両極によって構成されている。

何かを捨てるという決定は単純な行為ではない。人間の基本的な行動様式がそうであるように、この行為は日々の経験のなかに現れる。廃棄とは価値の転換である。かつては必要であったものが、捨てられるとごみやがらくたになってしまう。かつて貴重であったものも、急に価値のないものとなる。あるいは、かつて望まれていたものがあるときから不快に感じられたり、美しかったものが急に醜く見えたりする。いつ、そして何を捨てるのかという問いかけへの決定には複雑な思考が関与している。

衰退と儀式

私たちの時代の一般的な見方では、衰退とは技術の進歩や価格変動が引き起こす単純な経済的現象である。古い備品を維持するための費用は、新しくより効率的なものへの交換以上に高くつく。しかしこの見方が不十分であることは、廃棄を選択しなかった場合について考えれば明らかになる。

その一例が精巧な埋葬品である。これは過去の生産物を保持するうえで重要な方法のひとつだった。エジプト人やエトルリア人、中国人、ペルー人などの諸民族に桁外れに巨大な葬儀を行わせた動機の最たるものは、もちろん死後の世界への彼らの堅い信念だった。私たちがここで推測できることは、これらの王侯貴族の贅沢品の需要に関わる熟練を持つ職人の数が、その社会のなかで膨大であったということである。その結果、貴重品の生産が、日常的使用で失われるその量をはるかに上回っていたと考えることができる。

そうすると、精巧な副葬品をつくり葬るという考えが続くことが、いくつかの目的を同時に果たしていたと考えることができる。それは、然るべき敬虔さによって過去を保存することであり、同時に遺体に付随する品々に手を触れさせないことで感染症を回避することでもあった。また副葬品の生産は流行遅れの型を日常の使用から取り除き、生きている人々が使うための新しい製品づくりを鼓舞することにもなった。副葬品は古いものを廃棄しつつ維持するという明らかに矛盾した目的にかなうものだった。それは現代の保管倉庫や博物館の収蔵庫、収集家の物置と同じことである。現代の保管庫においても、そこに蓄積された膨大な品々が、その稀少的価値が増すことや将来に人々の好みが変化する際に再び役に立つことを待ち続けているのである。

ここで、今から一〇〇年ほど前までは、技術的変化の速度が非常に遅かったことの理由をひとつ挙げることができる。製品をつくるのに多大な労力を要した工業化される以前の生活のなかでは、ものを捨てるよりも修理する方が容易だったのである。大量生産が消費者に常にものを廃棄することを促す産業社会に比べて、変化の機会は相対的に少なかった。そんな時代に発明が変化を誘発するためには、犠牲にする既存の品々があまりにも多すぎた。それゆえに変化が現実となることは、次第に煩わしくなってしまった風習や習慣や道具がいつの間にか日常から消え去るときにしか起こらない。言い換えれば、人間による生産における変化の割合を支配していたのは、事物を維持する必要なのであり、目新しさへの欲求ではなかったのだろう。

系統変化という概念で考えるのであれば、個々の活動が属しているのはそれに類似した活動のシリーズである。私たちの仮説によれば、それら類似した活動はすべて原型とその複製物として関連している。その複製物は微細な違いを生じながら変化してゆく。したがってどのシリーズをとっても、初期の活動は後期の活動とは異なっている。これらのシリーズの認識はさまざまな外部からの干渉によって妨げられやすいが、同時にその活動自体の前期と後期の形態的なつながりの不確かさもその認識を妨げている。いかなる活動でも、その連続する要素に古い行為と新しい行為が含まれる場合には、分析がさらに不確かになる。しかし私たちの仮説が確かだとするのなら、行為のどの部分についてであれ、何らかの外的要因からの説明に加えて、その行為の連続を重視した説明も与えなければならない。

しかし時系列によってその順序を定めるだけでは十分とはいえない。なぜなら絶対時間による時系列は単に個々の瞬間をまるで恒星の連なりのように並べただけだからである。歴史家が常に直面してきた問題は、常に出来事の道筋の始まりと終わりとを見出すことだった。歴史家は伝統的に、物語としての歴史がつくり出したものさしによってその筋道を切り分けてきた。しかし、そのような切り方が、それぞれ特殊な形で持続するさまざまな長さの違いを、ひとつの可能なものさしとして取り上げたことは、一度もなかった。絶対年代順でしか判断できない現時点の私たちには、こういった持続を見つけ出すことは困難なのである。すべての過去の出来事は、望遠鏡にやっと届く程度の、最も遠い銀河の星の光を私たちが感受するよりも、遠く離れている。たった今過ぎ去った瞬間でさえ、永遠の彼方に消え失せてしまい、残されるのはその間につくられた事物だけなのである。

主観的順序においては、持続の始まりは最初の発明的行為によって示され、持続の終わりはそれらの廃棄行為に関連している。廃棄は他の種類の断絶的行為とは異なっている（二〇七頁参照）。それは自由な決定が、強いられた決定と異なることと同じであり、ゆっくりと積み重ねられた解決策が、緊急時の不意の行動と異なっていることと同じである。廃棄という行為は、心のなかで段階的に形成された最終的な瞬間に生じる。この態度は、親密さと不満足によって合成されている。したがって、ある事物の使用者はその限界と不完全さに気づいている。また、その事物は過去にあった必要だけを満たし、新たな必要には対応していない。そうして使用者は、事物とその必要性の間にあるはずの対応関係に単純な欠落があり、それが改善可能であることに気づくのである。

実用的な事物の廃棄は、その最初の操作がむしろ最終的操作であるという点で、楽しむだけの事物の廃棄とは異なる。旧来の道具の破壊は徹底的であることが多く、新時代を示す多くの道具が実質上は跡形もなく消えてしまっている。数少ない残存物である金属製の像や儀式に用いる器物も、新しい形が必要になったときには溶かされてしまう。この情け容赦なく過去の道具を粉砕してしまう主な理由は、ひとつの道具が通常はただひとつしか機能を持たないからである。

その事物が情緒的経験のためにつくられたか否か、それが美術作品を特定する方法のひとつである。美術作品は実用という範囲を超えて有意義な拡張がなされるという点で道具と異なる。その事物の存在が持つ象徴的な枠組みは、実用的な要求よりもはるかにゆっくりとしか変わらないため、道具の持続期間は同時代の美術的産物と比べて短い。したがって、中世の生活を象徴的に表した複製を写本や象牙、織物や宝石類が展示された小さな博物館で再構築することは、封建時代の技術について解説することよりもはるかにたやすい。当時の技術そのものについては、推測して再構成する以外に方法はないのである。事物として残存している美術に関しては、作品が象徴として今なお現実経験のなかに生き残っている。しかし、実用品を製作した中世の労働は役立たずとなって使い捨てられることになる。

過去の事物を保持することは常に人間社会の中心的儀式だった。世界中の公共の博物館で見られるその現代的表現は、実は非常に深いところにその起源があることになる。ただ、博物館それ自体はもとをたどれば王室のコレクションや教会堂の宝物に始まる比較的歴史の浅い制度ではある。もっと広い視野で見れば、未開の部族の祖先崇拝は同様の目的を持っている。それらは、祖先を崇めることでもはやこの世にはいない人々の権力や知識についての記録を現在のものにとどめておくためのものなのである。

美的疲労

これらの道具と美術作品を区分するための要点は、実用的な事物は意味深いものや楽しみのための事物に比べて、より徹底して消し去られてしまうということである。それに比較して美術的な事物は、廃棄に関して道具よりもはるかに寛大な法則に従っているように思われる。美術的事物における廃棄の規則とは、肉体的あるいは神経的な意味での疲労ではなく、心理的に飽きがくる状態である。フランス語の批評で使用される「すでに見たことがある（déjà vu）」や「何度も見すぎた（trop vu）」と等価な表現は英語にはないが、あるとするならばそれは「倦怠（tedium）」だろう。これらの言葉が表しているものの性質や状態が最初に注目を浴びたのは一八八七年だった。その年、アドルフ・ゲラー[*5]は「疲弊（Ermüdung）」について論じた著作を公刊した。そこでゲラーは、折衷趣味が支配的であった時代において、著しく変化する建築様式の数々にこの疲弊という現象が影響を与えていたと主張したのである［原注2］。その影響が目立ったのは当時の建築的変化が今日より速かったからでなく、歴史的様式の選択肢の数が少なかったからであり、その時代の人々は過去の貯えを急激に消耗しているように感じられたのである。

ゲラーは建築家であり、シュトゥットガルトの工芸学校教授でもあった。彼はヘルバルト[*6]が創始した美学における抽象的フォルマリズムの伝統に属し、芸術形

＊5　アドルフ・ゲラー（Adolf Göller／一八四六〜一九〇二）。ドイツの建築家。ヘルバルト（＊6を参照）の理論を応用した。

＊6　ヨハン・フリードリヒ・ヘルバルト（Johann Friedrich Herbart／一七七六〜一八四一）。ドイツの教育学者、哲学者。

式に関する最初期の心理学者だった。一九三〇年ごろから、ゲラーの言う「形態疲弊（Formermüdung）」という表現は広く使われるようになったが、彼の考えをさらに追求した者はいなかった。ゲラーにとって建築とは、純粋な視覚形態の芸術であった。彼にとって、その象徴的内容は無視してもよいものであり、その美は、線、光、影の、心地よいが意味を含まない戯れから生まれるものだった。ゲラーの最も重要な目標は、視覚的快感覚は、なぜ、様式のシークエンスからも明らかなように、変転してやまないのかを説明することだった。ゲラーの思想の核心は、形態に快楽を感じる私たちの喜びは過去の記憶を形あるものへ再形成する精神的努力から生じる、というものだった。精神的知識はすべてそういった記憶の残滓から成立しているのだから、美しい形態を享受するには十分に蓄積された記憶が必要となる。つまり趣味性とはそのような対象に対する親密さの持つ働きなのである。純粋形態に対する喜びの感情は、我々がその記憶の完全で明瞭な再構成に成功すると同時に減少していく。どうやら記憶全体には、どのような単位で経験を呼び起こしても苛立ちや不快感が含まれてしまい、「親密さは軽蔑を育てる（familiarity breeds contempt.）」のである。そしてこのような想起の行為全体が疲弊を引き起こし、ついには新しい形態の探求へと向かわせる。しかしながらその精神が事物の内容に今も縛りつけられたままであれば、形態疲弊の法則は次第に弱まっていき、その事物はその意味の複雑さの度合いに応じて、私たちの注意をなおつなぎとめ続けるのである。

「倦怠」に最もさらされているのは、芸術家自身である。芸術家は新しい形態の組み合わせを発明することや、すでに確立された方向へさらに大胆に前進することによってその克服に努めようとする。こういった前進は、段階的な差異化の法則に従っている。なぜなら、記憶のイメージがなお支配的であるなかでの変化とは、必ず認識可能なものであり続けるからである。差異化への志向は若年のデザイナーたちの間では、特に際立っており、かつ差異化のテンポは様式がその終焉に近づくにつれ加速する。またある様式が何らかの理由でその初期に断絶したとしても、その未利用の資源はまた別の様式に関わる者の手に渡り翻案される。

人間の心の働きは、どのようなものであれ孤立したプロセスでは説明できない。ゲラーは、現在と過去の複雑な相互作用における他からの力を過小評価していた。しかも彼には、模倣が伝統を形成する力を持つことに関して、また発明的行為が満たしてくれる人間の変化への要求に関しての明快な概念が欠けていた。彼がすでに地図に記された位置からまだあまり知られていない位置へとデザイナーを駆り立てる唯一の動機として、疲労や倦怠を強調しすぎてしまったことは事実である。それでもゲラーは、芸術が形そのもののシリーズによって成立し、その形はそれが属する集合の可能性が使い果たされるまでゆるやかに変わってゆくことをはっきりととらえていたのである。

2
私が初めてA・ゲラーを知ったのは形態疲弊（Formermüdung）の起源をたどっていたときだった。彼の小論文「建築における恒常的様式変化の原因は何か」（『建築の美について』所収／Adolf Göller, "Was ist die Ursache der immerwährenden Stilveränderung in der Architektur?" in *Zur Ästhetik der Architektur*）はその一年後には増補され『建築様式の成立』（シュトゥットガルト、一八八八年／*Die Entstehung der architektonischen Stilformen* (Stuttgart, 1888)）となった。ベネデット・クローチェは、ゲラーに言及しているものの、彼の経験主義的、フォルマリスム的な傾向については却下している。しかし『ヴァスムート建築術事典』（第二巻、一九三〇年／*Wasmuth's Lexikon der Baukunst*, 2 (1930)）には彼が当時の建築思想に与えた強い影響が記載されている。

第四章　持続の種類

現代の職業的人文学者は学問の世界に閉じこもりがちな人たちなので、測定行為のことを、その性質が「科学的」であるという理由で軽蔑してしまう。というのも彼らに託された仕事は日常会話の言語で人間の表現行為を説明することにあると、彼らが考えているからである。しかし何かを説明することと何かを測定することは互いによく似た作業で、それらはどちらも翻訳行為である。説明されたのであれば、それは言葉に置き換えられたのであり、測定されたのであればそれは数字に置き換えられたのである。しかし残念ながら、今日の歴史学を構成する単位はひとつの単純な時制しかない。それは暦による時間であり、それによって私たちは出来事を順々に配置しているが、歴史科学の領域が他の分野の数字と出合うことはない。量の大小よりも関係性が研究の主題である位相幾何学のように、私たちは数字抜きでも測定という言葉を使うことができるというのに、暦による時間は出来事の変化の速度について何も示すことができない。歴史における変化の割合はまだ正確に測定できていないが、もし私たちが異なった種類の時間単位をいくつか考え出せるなら、私たちはさらに先へ進めるだろう。

事物の歴史は、曲解がまかり通る一般史に比べて、はるかに具体的で物質的な存在を扱う。さらに事物の歴史が描くさまざまな形はそれぞれにきわめて明瞭な特徴を持っている。そのうえ人がつくった事物は、生物学上の動物や物理学における自然物質とは異なった時間を占有し、特徴ある持続の仕方を持っている。人工物の持続時間は、その見かけの違いと同じく、種類によって異なっている。つまり各々の持続はそれぞれに特徴的な期間と周期からなっている。しかし私たちがその違いを見落としてしまうのは、私たちの言語における一般化という慣習のためであり、その慣習は私たちが共通認識としている太陽時間へと、それらを安易に変えてしまうからである。

時間はその範疇ごとに多様である。宇宙における重力場はそれぞれの質量によって異なる時間を持っている。一方で私たちには標準時間帯という地球の地域ごとに共通した時刻を決めた便利な約束事があるが、同一の瞬間に地球上のいかなる二点も太陽に対して同一の関係を持つことはない。また私たちが寿命によって持続単位を定義した場合、人間と他の生物では異なった時間に従っている。また人工物の持続単位はサンゴ礁や白亜の断崖の持続単位とは異なっている。それらはそれぞれ間隔と周期の体系が異なるからである。にもかかわらず、言語という慣習のなかで種類の異なるこれらすべての持続を記述するために、私たちに与えられているのは太陽周期による一年とその乗除のみなのである。

一三世紀のトマス・アクィナスは「天使の時間」の性質について思索した。彼は新プラトン主義の伝統[原注1]にならって、人間の精神や他の神聖な存在の持続時間として、悠久（aevum）という古い考え方を復活させた。その持続は、刻まれる時と永遠との中間にあり、始まりは持つが終わりを持たない。実はこの概念は多種にわたる人工物の持続を描き出すときにむしろ都合がよい。なぜなら多くの人工物は、その恒久性ゆえに地球上のいかなる生物にも先行し、無限に限りなく近づいてゆくだろうからである。

人工物の将来よりもその歴史に興味を限定するなら、私たちはその一定ではない変化の度合いを説明するためにどのような条件を考慮しなくてはならないのだろうか。社会科学者たちは物質文明を付随現象であるという。つまり、彼らがすでに定式化し図示しえた力の作用が引き起こした必然的結果であるという。たとえば大きな社会に比べて小さな社会は消費するエネルギーが少ない。したがって小さな社会が多大な費用のかかる事業を起こすことは難しい。文化的作業についてのこのような量的評価は、社会学、人類学、経済学にあまねく浸透している。そのひとつの例として、二〇世紀の産業化社会における芸術家やデザイナーが持つ地位についての経済学的な説明を挙げることができる。経済学者にとって人工物は市場に応じて変化するものである。人工物に対する需要の多寡がその生産量に影響を与える。製品を変化させる機会は生産高次第である。

しかし、私たちが本書で示した素形物と大量模倣品の区別は、別の議論の道筋を可能にしている。まず大量複製品の存在は、大きな社会が存在することの証しである。その社会は変化を欲しているかもしれないしその逆の場合もあるかもしれないが、変化が求められている場合であっても、一般の要求は現にある製品の改良もしくはその拡張に対してのみである。大衆の需要はそこにあるものにしか向けられていないのに対して、発明家や芸術家の関心は未来の可能性に向いている。彼らがどの可能性に思いをめぐらせどのように組み合わせるかはまったく別の秩序に従っている。本書で示してきたように、それは、実験の進捗がつながることによって構成された、形のシークエンスのひとつなのである。

多くの種類の社会のなかで、消費者とデザイナーとの間のこのような断絶が起きない場合があるのも確かである。そこでは多くの事物が現在でも家内制によってつくられている。しかし素形物と大量模倣品という区別自体は農村社会にも、部族集落や一八世紀ヨーロッパの宮廷においても当てはまる。原型がなければ複製はありえないのだから、私たちはその原型の系譜をたどって、人間社会の起源にまでさかのぼることができる。それゆえ形の変化の性質を探究しようと思うならば、私たちは形のシークエンスについて検討しなければならない。

模倣物の存在は富や人口、そしてエネルギーの規模の大きさを直接的に反映しているのかもしれない。しかしそれらの大きさだけでは、原型が生じたことや複製を派生させる発端となった表現の性質を説明することにはならない。物事の発端となるような表現は形のシークエンスのなかでひとつまたひとつと順を追って生まれてくる。この考え方は、発明が孤立した出来事ではなく、諸発明の関連をたどりうる、つながれた位置関係を持っていることを示している。またこのような連続的な考え方は、周囲から独立している諸発明のシークエンスのなかに構造的秩序があることを示唆している。その実現化の順序は整然とはしていないかもしれないし、シークエンスが外的状況によって一時的に中断されているかもしれない。しかしその秩序自体は外的な状況によって変わることはない。特定の状況下で現れた新しい形におけるシークエンス固有の構造的秩序は、多くの観察者にたやすく理解できる。それが最も顕著に表れているのはギリシャの人体彫刻やゴシック建築、ルネサンス絵画の初期の段階である。そこでの諸作品は、次から次に規則的に現れる関連する解決群によって結びついている。それはまるでこれらのさまざまな発展に共通した先行するプログラムがあり、その諸条件を貫徹しようとするかのようにみえる。

とはいえこのような解決群の流れがどこにでもあるわけではない。ヨーロッパの過去については、在庫品目録が完成しているため、他の大陸よりも目につきやすい。しかし、それでも、解決群の登場は互いに大きく隔たっており、大規模な変動が間を置かずに繰り返されることが稀であることを示している。この種の流れはある特定の緯度において最も多く見られるオーロラのように、特別な状況下でのみ観測可能なものなのだろう。

芸術家の生涯についての類型学

その意味で著名な芸術家の生涯という単位はわかりやすい観察例である。ひとりの芸術家の人生の歩みと性格は彼が置かれた歴史的な状況をたいへんよく伝えてくれる。もっとも、ほとんどの芸術家の人生は大しておもしろいものではない。彼らの人生はたいてい型どおりの区分に収まってしまう。つまり見習い期間、初期の雇われ仕事、そのあと結婚、家族を持ち、さらに円熟期の仕事、そして弟子、信奉者たちといった具合である。芸術家が旅に出たときには、その道中で華やかな人々と出会うこともある。チェッリーニは興味を引くほどの芸術家ではないが、刺激的な生涯を送り、それゆえに彼は芸術の困難な業務からは距離を置いていた。

自身の表現を探求する者は、彼が社会に登場するにあたって、その場の有限な可能性と対峙し、そのなかから自身が用いる要素を選択しなければならない。その人物の気質と形式的な機会が次第に調和してゆき、それによって一芸術家の伝記が明確になっていく。私たちが根拠としうるのは、時の試練を耐え抜いてなお残った経歴だけである。つまり個人とその時代とがたまたまうまく調整された結果の「上出来」な成果のみであり、私たちはそこからは少数の生涯のタイプしか導き出しえない。しかも、それらの検討の蓄積はヨーロッパと極東の場合に限られてしまう。というのも他の地域では、芸術家の伝記が文学という形式で著されることはなかったからである。

しかし形のシークエンスは芸術家の生涯より明らかに長大であり、どんな人物でも一生涯でそのシークエンスの可能性を使い切ることはできない。しかし人間は個人が実行する以上のことを想像することはできる。なぜなら個人の実践はシークエンスの規則に従うが、そこで決定されるのは間隔ではなくその人物のシークエンス上の位置である。その人が想像し実行することは、ともにシークエンスにおける彼の位置と、形の集合(七五頁参照)への彼の登場の仕方に左右される。こういった機会の一つひとつと、それに呼応する個人の気質の間には密接な関係がある。

クロード・ロランやポール・セザンヌのように、ゆっくりと進む辛抱強い画家がいる。彼らは生涯をかけて、たったひとつの真の問題を追求し続けた。両者は風景画への献身という点で、また目標が時代の先を行っていたために適切な指導者を見つけられなかったという点でよく似ている。ボローニャの先達であるドメニキーノやカラッチ一族を頼りに、クロードはロマーノ・カンパーニャ地方(ローマからカンパーニャ州にかけての地域)の古代的な風景画[*1]を刷新した。画面構成の秩序に興味を抱いたフランスの多くの画家と同じように、セザンヌはプッサンを志向した。この類似は単に伝記的な一致や、気質的な親近感だけではない。ヘルクラネウムとボスコレアーレの名もなき壁画家たち[*2]は、一七世紀の画家たちやセザンヌとつながっているのであり、それらが連続する階梯は、風景を明快に描き出す探究が何千年にもわたって継続するなかで、不規則な間隔によって隔てられている。このような変則性は予測不能なリズムで今後も何世代にもわたって続

＊1　ローマからナポリにかけての風景を思わせる背景に古代神話上の人物を点在させた歴史画を指す。
＊2　ヘルクラネウム(Herculaneum)、ボスコレアーレ(Boscoreale)はともにイタリア、ポンペイ近郊の古代都市。紀元七九年、ヴェスヴィオ火山の噴火でポンペイとともに壊滅した。ルネサンス期に発掘が進み、そこで発見された壁画は「グロテスク文様」として、あるいは「静物画」や「風景画」の原型としてマニエリスム期以降の芸術に大きな影響を与えた。

いていくだろう。この種の辛抱強いタイプに属する芸術家は都会的に洗練された時代にしか開花しない。そのような時代であれば、特別に使命を与えられた人物として、この沈思黙考的傾向のある人物が時間を悠々と使って、達成することの困難な、多様性に満ちた高度さへと到達するのである。

こういった状況のもと、そして昔の絵画とその派生物がいまだ存続しているなかで、特定の気質を備えた画家は、過去から続いてきたその戦いに、その人物の時代の技量で立ち向かうために自らが召喚されたように感じるだろう。アングルはラファエロが示した線上で挑戦を続けた。マネはベラスケスから突きつけられた挑戦状を引き受けた。つまり今ある仕事は昔のものからその取り組み方を学ぶ。もしそれがうまくいけば、形の集合がつくる地形図にそれまで知られていなかった要素を加えられる。それは、なんとなく知ってはいたがいまだ明らかになっていなかった地形についての意外な特徴を伝える新しい地図が描き加えられたようなものである。ときにはもうこれ以上何も付け加えるものがないほどに地図が完成しているようにみえる。そういう場合にも忍耐強い人物が現れ、その完成した状況に挑み、いったん安定していた地図を開き、再度それを拡大する。

これら単一の問題に対峙する黙想的な芸術家とまったく異なるのが、多才と呼ばれる芸術家である。彼らは社会的な革新、あるいは技術上の刷新のいずれかの転機に乗じて登場する。ルネサンスが特にそうであったように、これら二種類の転機は時として同時に起こる。特に技術上の刷新は春の雪解けに似ている。つまり、すべてが一気に変わってしまうのだ。事物の歴史においてそのような瞬間は、新たな技術が突然に起こって、すべての経験に新しい器を要求するときにやってくる。二〇世紀では映画やラジオ、テレビのディレクターがこのようにして私たちの世界を変容させた。かのヴァザーリのように、それら変革の時代の一世代あとに自分のために用意された登場機会を見出すべき人物には、それら伝説となった人物たちをその声や容姿とともに記録し際立たせる役目が与えられる。こうして生まれた新しい神話は、すでに古典古代のそれと肩を並べることになった。

多才な人物が出現するための瞬間がもうひとつある。それは社会全体が、激動の時を経たあとに新たな勢力の方針に従って再び安定化したときである。そのときには、一〇〇年や二〇〇年もの歳月をかけて新奇な未来を想定してきた成果や暗示、そしてその派生物といった果てしなく込み入ったものが、秩序づけられ活用されたに違いないからである。多才な芸術家が最も集中したのはルネサンス期のイタリアだった。そこでは豪商や小貴族、ローマ教皇や傭兵隊長がパトロンとなって、芸術家は社会的に認知された類型として活躍した。そのなかでもアルベルティ、レオナルド、ミケランジェロは最も名高いイタリアを代表する芸術家である。アメリカのジェファーソンはさらに稀なタイプで、芸術家であると同時に政治家でもあった。

もちろん、新たな君主の支配によって社会的転換が起こる時代が常に芸術上の刷新の時期と重なるとは限らない。一八世紀末のフランスにおける国民生活の革命的転換[*3]は、新奇で人目を引くような流行が目撃されはしたが、そこに一五世紀イタリアに匹敵するような根本的な芸術的刷新はなかった。一般にそのような更新は芸術作品や芸術家の集団間だけで起こるものであるべきで、為政者によって人為的になしうるものではない。またその時点での伝統に将来への展望が十分にある間は、変革は必要とされない。変革の時代に多才な者が現れるように、単一の問題を忍耐強く研究する者は安定した将来が約束されている時代に開花する。

この指摘が示唆するように、どの時代区分をとっても、そこに一律に類型化された構造があると想定するのは非歴史的である。と同時に古代ギリシャのペリクレスが活躍した全盛期のような建築史上のある時期を、前例のないあるいは無制限の可能性のある時期として描くこともまた非歴史的である。というのもその全盛期までにある程度の目的はすでに達せられており、新しい可能性の輪郭はすでにはっきりと見えていたからである。その直後のムネシクレスの世代になると、当時の大衆に比べて成否の可能性を見定めることに長じた職業人であった彼らにとってみれば、自分があるポジションを得てもすぐに次のポジションへと移動する以外には選択肢がほとんどないことは明らかなことであった。

多才な人物のなかでも有利な登場機会（entrance）に恵まれたごく少数の人物

＊3　フランス革命のことを指す。

は、共通して利用可能な位置を素早く、たくさん、しかも続けて獲得する能力を持っていた。だから彼らは数世代に及ぶ後継者を先取りして、さらには自らが属するシリーズが終焉を迎えたあとの新たなシリーズの輪郭を示すことさえあった。ミケランジェロはこれらの予言的芸術家のなかで最も顕著であり、フェイディアスもまたそのような人物であったと思われる。このような人々は、数世代が時間をかけ苦心しながら発展させるようなシリーズを、わずか数年で予示してしまう。彼らはその非凡な想像力によって未来の形の集合を予測し、それにふさわしい全体像の予測をもたらすことができたのである。その偉大な一歩は、同時代の者には容易には判別できなかった。しかし、事が起こってから長い時間を経たあとには、一歩引いた視点を持った歴史家ならそれをはっきりと判別することができる。つまり変化は、このような例外的な人物によって、未熟で用意ができていない状態に対して配慮もなく投げ込まれて出現することもあるといえるだろう。

また芸術家には別種の伝記的パターンが見出されることもあるが、それはごく少数である。その理由は単に、芸術家や職人の伝記がわずかしか残っていないからかもしれない。しかしそれよりも事実としてありうるのは、おそらく独創的な人々の生涯におけるタイプの差が本質的に小さいという理由である。そのようなわけで、何かにとりつかれたような画家として北斎はウッチェッロに似ているが、孤独で内向的で絵画が人生のすべてだったピエロ・ディ・コジモやレンブラント、ゴッホもこのタイプに属する。彼らは黙想的でも忍耐強くもなく、多才でも予言的でもないが、彼らの登場機会によって与えられた位置をしっかりと守りえた孤独な者たちである。一般に建築家の仕事は集団を率いる能力を要求されるものだが、その建築家がこの孤独な芸術家たちの間に見出されることもある。たとえば、フランチェスコ・ボロミーニやグアリーノ・グアリーニの経歴は、その孤独な想像の世界を表現する異様で激しく絶対的な迫真性によって、この何かにとりつかれたような人々のグループに属している。

　これとは対照的なタイプが、自身の感性を他人に強いることで目に見える世界の改善をしようという使命を帯びた伝道者たちである。たとえば二〇世紀の主な建築家たちで、この伝道者の装いをまとわずに活動してきた者はいない。この使命を帯びた芸術家は、往々にして精力的な教師であって多作の著述家であり、正しい描き方を教える美術アカデミーを統率している場合に最大の活躍を見せる。フランス固有の建築趣味を主導したA＝J・ガブリエル[*4]やフランク・ロイド・ライト、そしてジョシュア・レイノルズ[*5]がその例である。ガブリエルとレイノルズは貴族社会の伝統の真髄を引用した。そしてライトはH・H・リチャードソン[*6]やルイス・サリヴァンを引き継いだ。彼らがそれぞれに伝統から学んだ本質を基礎とした、趣味の押しつけは専制的ですらあったのである。

　さて、芸術の歴史には二種類の革新者が出現する。それらのうちで最も稀な存

＊4　アンジュ＝ジャック・ガブリエル（Ange-Jacques Gabriel／一六九八〜一七八二）。フランス、新古典主義の建築家。父親から王室首席建築家の職を受け継ぎ、ルイ一五世に仕えた。古典を重んじた彼の設計はパラディアニズムの影響を感じさせる簡潔なものであった。

＊5　ジョシュア・レイノルズ（Joshua Reynolds／一七二三〜九二）。イギリス、ロココ期の画家。イタリアで盛期ルネサンスやバロック期の絵画を学び、帰国後は歴史画風の肖像画を描き上流階級の人気を得た。

＊6　ヘンリー・ホブソン・リチャードソン（Henry Hobson Richardson／一八三八〜八六）。アメリカの建築家。ハーヴァード大学とパリ美術学校（École des Beaux Arts）で学んだ。重厚な石壁に半円アーチを多用した彼の建築は「リチャードソニアン・ロマネスク」と呼ばれ、代表作「トリニティー教会」（一八七二〜七七、ボストン）や庁舎などの公共建築を多く手がけた。ルイス・サリヴァンやフランク・ロイド・ライトに影響

を与えた。

在は、ブルネレスキ、マザッチョ、もしくはドナテッロのような先駆者である。彼らの創造する力は数世紀に一度もない程度の登場の機会を見つけ出す。そのときには彼らの努力による新しい知識の領域が開かれる。もう一種類は、反逆者たちである。カラヴァッジョのように伝統の気風をがらりと変えるか、あるいはピカソのようにすべての正統性に挑戦するかのいずれかの方法で、それまでの芸術上の流儀から離反しようとしたのである。最初のタイプである先駆者はセザンヌのように沈思黙考型、あるいは強迫観念型の芸術家の場合が多かったかもしれない。先駆者は反逆者にはならない。蓄積された伝統のなかに静かに新しい基礎を築く。そして先駆者に続く模倣者がすぐに現れることもない。それは彼が常に独特（sui generis）だからである。一方、反逆者は群衆のなかに現れる。なぜなら反逆者の方法は簡単に模倣されてしまうからである。先駆者は新しい文明を形づくる。それに対して、反逆者の行為は崩壊しつつある文明の限界を示している。

真の先駆者は、通常、人々が長い間新しい行為の創始者であることなく受容者であり続けた地方文化を背景として現れる。一方、ピカソのような反逆者は、歴史のある大都市文明の心臓部で自分にふさわしい状況を見出す。先駆者であるための必要条件はその活動が革新的なことにあるが、それに対して反逆者のそれは活動が派生的なことにある。先駆者は、金細工師としての修業を積んだギベルティのように、一昔前のギルドの枠組みのなかで自身の作品の鋳型からつくらなければならない。あるいは、初期の映画製作者たちのように社会の底辺に居場所を見つける必要がある。それに反して反逆者は、彼らが軽蔑している社会の周辺で生活し、自身の生活と仕事に整合性を求めるなかで新しい文明的状況をつくり上げなければならない。ブルジョワ難民として、タヒチの先住民の村にあっても奔放なパリジャンというロマン主義的な慣習を貫いたゴーギャンは、反逆する芸術家の特別な形式を示す最も顕著な事例である。

先駆者、多芸者（hommes à tout faire）、妄想者、伝道者、黙想者、反逆者、これらの六つの職業タイプはすべて近代西洋社会でも存在している。もちろん、彼らだけで同じ形のシークエンスを占めることはできない。それぞれのシークエンスは、よい登場の仕方を持ち合わせた気質のグループだけに、特別な系統年代（一一五頁参照）に属する機会を与える。その結果、今日のテレビ産業はディレクターたちに、特別の気質を持つ人格グループであることを求める。しかし一〇年も経過すれば、そこにはまた別の種類の気質が必要とされるだろう。その間に、今日はテレビのディレクターであった者は、彼らのための登場機会がより多く用意されている別の演劇的芸術の形式に居場所を見出すだろう。

他の社会や過去の時代を見れば見るほど、多種多様に存在する職業のすべてを記録することなどとうてい不可能なことになってくる。ボヘミアンという存在は、一七世紀以前のヨーロッパにおいても中国においても表立って認識されることはなかった。同様に過去の社会では、職業間の境界線は今日ほど鮮明ではなかった。たとえば黙想者と妄想者は同じように扱われていた。先駆者と反逆者、多芸者と伝道者においても同様である。そこには今日のようにはっきりとした区別はなかったのである。中世社会では個々の芸術家は表には出ないまま、教会とギルドという表の共同体の陰に隠れていた。個々の芸術家の様子を詳細に伝えているのは古代ギリシャ・ローマや中国の歴史だけである。エジプト王朝の職人について私たちが知っているのは、数名の名前と何行かのテクストだけである。アメリカ、アフリカ、インドの古代文明の記録は、芸術家の活動については何も語っていない。それでも考古学上の記録は繰り返し美術的に関連づけることができる連鎖のシリーズがあったことを示している。都市部では製品が急速に変化し、地方や田舎ではよりゆっくりと変化していた。それらのすべては私たちが芸術家と呼んで差支えのない人々が活動していたことを示しているのだ。それらすべての人々が同時にその才能を開花させたわけではなかったが、今日の主要な国の大都市ではそれが現実のものとなっている。そこには供給される有能な人材よりも多くの諸形式が同時に存在している。たとえば、現代の革新的な絵画制作が反逆者たちにとって魅力的であるのに対して、先駆者や黙想者たちは成功から身を隠すために保護色をまとって無名の人物として絵を描くか、舞台装飾や広告美術のような絵画以外のギルドに属する。そこでは、流行を追う画商のために絵を描くこと以上に、彼らの特別な気質がより真剣に必要とされているのである。一方で先の古い社会においては、同時代に活発に展開するシークエンスはより少なかった。それに相応して、すべての多様な気質に与えられる機会も緩慢としたものだったのである。

諸部族、宮廷、都市

ここで、事物の歴史の速い変化と遅い変化について、暫定的な解釈を行ってみたい。芸術を職業とする人たち、言い換えればその一生を役に立たないものの制作に費やす人たちがいる。実は彼らが遅い出来事を速い出来事へと転換させる主役なのである。ほんの数百世帯からなる部族社会では、ほとんどの時間が過酷な環境のなかで食糧を獲得するための終わりのない重労働に費やされている。そこでは生存すること以上の、つまり食物生産を免除された職人たちが専門分野ごとにギルドを組織するような余裕はない。そのような社会における製作物にも変化が現れることは間違いないことだが、その変化はちょっとした傾向にすぎず、習慣の積み重ねによる変化、あるいは微妙な偏差を伴った日常の繰り返しのなかの変化である。そして、その微妙な差異は、幾世代にもわたって受け継がれることによって、特有の型を生み出すことになる。

そのパターンは、より複雑な社会構造のもとでつくられた事物の変化と見た目には似ている。それはまた、陶器や住宅や儀式用の道具のさまざまな範疇のなかで、系統年代の初期から後期にかけて私たちが検討したとおりの進展があったことも教えてくれる。明確な形の集合は、次々に継承されてゆくのである。注意深い研究者であれば、三世代から四世代の範囲を観察しただけでその部族全体の身体的特性と対応する明瞭な形さえ発見することがある。しかし一般に、大きな社会に比べてそれらの進歩、継承、形の変化は自ら主張することなく、不明瞭で、その速度もゆるやかである。出来事が少なければ発明も少なくなり、部族社会の製作物による意識的な自己定義がなされることはほとんどなくなる。

ただこの対比は、一〇〇にも満たない家族が生きるために苦闘している小さな部族社会と、独創的意思を持った人々のための隠れ場所が用意されている巨大都市という極端な事例の対比においてのみ現れる。つまりそれは最も緩慢な変化と最も目まぐるしい変化の対比なのである。そしてその両極の間には少なくともふたつの中間的な状態がある。しかしこれら四つの状態が滑らかに続く一本の勾配上にあると考えるのは単純すぎる。ロンドンやパリと、アマゾンやニューギニアの森に住む部族とでは、その社会構造において連続性があるとは言いがたいからである。それらは、いわば巨大な山岳の断層崖に似ていて、幾重にも深く切れ込んだ断崖によって、その間に散在する高台のように孤立している。

また人口統計学上の絶対規模は意味をなさない。むしろ歴史上の主要な出来事は巨大都市よりも小さな都市においてより多く発生してきた。速い出来事が起きるためには、都市的な環境が、それを満たせば十分というわけではないとしても、不可欠の前提条件となる。前提として都市的であるということは、特権的な都市住民が自足的な集団であることをやめ、支配者や職人や商人たちからなる一群を形成するときである。このとき都市住民は、食糧生産のために田舎に散らばった労働者たちに頼る寄生者になるのだ。

そういうわけで都市生活だけがあっても不十分なのである。どの地方にも都市部が存在するが、周知のとおりその生活は退屈なものである。地方都市が退屈であることは、通常はそれがより重要な神経中枢から来るメッセージを受信し中継するだけの器官のようなものに成り下がっていることによっている。地方にいることの苦痛や不満の他には、自身のメッセージを発信することもあまりなく、そこにいる活動的な人々は出来事の真の中心へと移住して帰ってくることはない。そして中枢では集団全体の中心的決定が下され、権力の集中はまた芸術家が発明しデザインするためのパトロンとなる階級をも引き寄せる。これらが、真の中心的都市的であるための条件である。それはまた、常に人類の先端的都市生活を特徴づけてきた速い歴史的速度を実現するための必要十分条件なのである。

このように、芸術的出来事の速度について論じるにあたって、考慮すべき四つの社会的段階を挙げたい。

1　部族的生活。そこでは自然と直面し、工芸職人をやしなう余裕はない。
2　派生的な芸術を伴う地方の町や都市。統治のみに特化した首都も含む。
3　独自のものを生産する能力を所有した職業的熟練職人を持つ部族社会。
4　目には見えないが最終決定的な命令を発する都市や宮廷。

この一連の項目は、ギリシャ・ローマ文明や中国の王朝社会に当てはまり、支配国家や植民地帝国や、地方に咲いた才能を引き込む首都や政治的区分を伴う一八〇〇年以降の近代社会にも当てはまる。さらにこれは古代アメリカの都市文明にも言えることである。地方都市よりも、自身の伝統工芸を所有する部族社会の方が高次な環境にあると位置づけるのは少々独断的と思えるかもしれない。しかしこれは、独創的な芸術活動のための状況を考えれば正当化される。たとえば、一九世紀半ば、アフリカのアシャンティのブロンズ細工師は、当時のシカゴや中東のモスルの職人が田舎くさい模倣品や実用的な規格品をつくる他なかったことに比べて、芸術家としてよりよい環境にあったといえるだろう。

一四〇〇年以前の中世ヨーロッパについては、別の図式が必要である。封建時代の宮廷や大修道院、大聖堂は重要な作品発注を行う中心的存在であった。周辺の田舎はそれを受注する地域であり、また相対的に大きな都市の場合は断続的に現れる王室からの寵愛や利権に依存していた。ルネサンス以降になると、首都はその重要性を増大させた。しかし一八〇〇年までは、ヨーロッパに散在する小宮廷が芸術的洗練の中心であり、地方が大都市と関係を持つことは少なかった。その大都市においても、たとえばゲーテを支援したワイマール公国などに比べると、特定の点に関してはそれ自体がより地方的だったのだ。今日では、大衆娯楽や画一化された産業によって世界的に差異が小さくなったため、学問と眼識の最後の砦と言えるものは文化的に最も繁栄している都市と二、三の大学都市だけしか残されていない。

そしてパトロンの置かれた歴史的状況の違いが、先に述べた六種類の職業それぞれに異なる背景をもたらした。共同体への不適合がすなわち死を意味する部族社会に、先駆者と反逆者の居場所はない。権力の集中する豊かな場所だけが、「万能家」(homme à tout faire) や学究上での同類である宗教団体の「頭目」(chef d'école) を養えるのである。妄想者や黙想者は、どこででも働くことができる。しかし彼らが速い出来事の流れの一部となるためには宮廷やパトロンの近くで費やす時間が必要であり、彼らはそこで養育され形づくられるのだ。

言い換えれば、事物の歴史において重要な速度はふたつしかない。ひとつは、小さく孤立した社会に見られる積層した氷河のような緩慢な偏流 (drift) で、そこに変化の割合を変えようとする意志の介在はほとんどない。もうひとつは素早い動きであり、広大な距離を飛び火する森林火災のように広がっていく。その互いにつながりのない炎の中心は同じ活動へと巻き込まれていく。近年の発明の歴史には、そのような距離を隔てていても類似している活動のわかりやすい実例が多い。つまり、互いの仕事を知らない複数の専門家が共通の前提や似通った手法で個々に、かつ同時期に同じ解決に至った事例である。

このような速い出来事については、断続的な持続という重要な変種がある。たとえば、ヘロンの蒸気機関やギリシャ・ローマ文明の静物画のように、古い時代にいったん注目されていた問題がそれにあたる。それを支持する状況や強化するための技術が欠如していると、別の文明の発明的な判断力がその形式を再び取り込むための条件が整うまで、その発明は幾世紀にもわたって世に知られることなくしぼんでいる。この出来事が断続的に起こるモードのなかには速い瞬間もあるのだが、それが起きるのは文明の主要な中心に限られる。しかしその歩調は不規則であり、その結果がすべて抽出されるのは、きわめて遅くなる。

したがって先駆者から反逆者まで芸術的職業の範囲全体が展開されるのは、活発なシークエンスのなかから幅広い選択を行うことが可能な大都市的な状況においてのみである。速い出来事には、パトロンの存在と職業上の好ましい条件が揃っていなくてはならないのである。一方で遅い出来事は、地方的あるいは部族社会的な環境で見られる特徴である。そこには、さまざまな形の集合をより機敏な探求によって刺激するために必要なパトロンも職業上の可能性も存在しない。

［原注］

1　デュエム「ギリシャ哲学者による時間」（『哲学雑誌』一九一一年／Duhem, "Le temps selon les philosophes hellènes," *Revue de philosophie* (1911)）

物質の空間の占め方がそうであるように、事物の時間の占め方は無限にあるわけではない。時間の占め方の種類を分類することが難しいのは、持続する期間に見合った記述方法を見つけ出すことが難しかったからである。持続を記述しようとしても、出来事を、あらかじめ定められた尺度で計測しているうちに、その記述は出来事の推移とともに変化してしまう。歴史学には定められた周期表もなく、型や種の分類もない。ただ太陽時と、出来事を区分けする旧来の方法が二、三あるのみで［原注2］、時間の構造についての理論は一切なかったのである。

出来事はすべて独自なのだから分類は不可能だとするような非現実的な考え方をとらず、出来事にはその分類を可能とする原理があると考えれば、そこで分類された出来事は、疎密に変化する秩序を持った時間の一部として群生していることがわかる。この集合体のなかには、後続する個々の出来事によってその要件が変化していくような諸問題に対して、漸進的な解決として結びつく出来事が含まれている。その際、出来事が急速に連続すればそれは密な配列となり、多くの中断を伴う緩慢な連続であれば配列は疎となる。美術史ではときおり、一世代、ときには一個人が、ひとつのシークエンスにとどまらず、一連のシークエンス全体のなかで、多くの新しい地位を獲得することがある。その対極として、目前の課題が、解決されないまま数世代、ときには何世紀にもわたって存続することもある。このような出来事の発生については、「速い出来事、遅い出来事」の節（一六八頁参照）ですでに検討した。そこでは、出来事の発生はシリーズでの位置に左右されるものであり、人口集中地域ごとに変化する、発明の多様な進展具合によって条件づけられるものであると説明した。ここからはシリーズ上の位置の配列に注目して、そのさらなる多様な姿について検討してみよう。

位置による価値

スルバランによる「一二使徒」は、統合され切り離しがたい一連の作品である［原注3］。この連作は、使徒たちを描いた一二点から一三点の絵画からなる。一枚一枚の絵は、それぞれ単独で見ることもできる。しかし画家が意図しパトロンが望んだのは、それらの絵画全体が、決められた順序でしかも指定された空間内で、まとまった芸術作品として一緒に鑑賞されることだった。多くの事物も、あらかじめ定められた順序で知覚される必要があるという点で、これと似たようなまとまりとしての特性を持っている。建築物は周辺環境とともに空間のシークエンスを構成している。それは建築家が意図した順序で見られるときに最も効果的である。あるいは公共の場に設置された噴水や記念碑の彫刻された正面やそれら各々の部分は、本来は構想された順に鑑賞、経験されるべきものである。また多くの絵画はもともと、それぞれがシークエンスのなかで定まった位置を占めるよう意図されており、その位置に置かれたときに物語としての完全な効果が生じるだろう。

つまりこうした統合的な芸術作品において、分離可能なそれぞれの部分にはそれ自体の事物としての価値に加えて、時間上空間上の位置から生じる価値がある。通常、事物に対する私たちの理解はその置かれ方にもとづく意味が再構築されるか回復されるまでは完全とはならない。このように同一の事物においてもコンテクストから切り離された単体として、または意図された設定による集合的な作品として、それぞれまったく違った価値判断がなされることがありうる。たとえばギリシャ・ローマ美術は置かれる位置による価値に依拠するところが大きい。フィロストラトゥス[*7]の『イマギネス［絵画の記述］（Philostratus, *Imagines*）』と、それとは対照的なアイギナやパルテノン神殿のペディメント上の物語[*8]はその例である。位置が意味を持って解釈を付け加えることも珍しくない。たとえば、旧約聖書と新約聖書の物語はひとつずつ組み合わされて、そこに類例、原型、予兆の関係が指摘されることがある。これは、プルデンティウス[*9]の『新約聖書と旧約聖書の内容を描いた絵画について（Aurelius Prudentius, *Dittochaeum*）』が書かれる以前からすでにキリスト教の教えの一部になっていた［原注4］。

＊7　フィロストラトゥス（Philostratus／一七〇（一九〇）～二四七（二四四））は古代ローマ時代、アテネ領レムノス出身のソフィスト（弁論家）。彼の残した『イマギネス』は彼がイタリアで見た絵画に関する著述であり、当時の画家たちの技術向上を意図して書かれた。

＊8　ギリシャのアイギナ島、アパイアー女神神殿の東西の切妻壁にあった彫刻群は一八一一年にドイツのミュンヘンに持ち去られ、のちにそれぞれ単体の彫刻像につくり変えられた。また、パルテノン神殿のペディメントにも神話などを伝える彫刻群があったが、イギリスに送られ、現在は大英博物館に展示されている。

＊9　プルデンティウス（Aurelius Clemens Prudentius／三四八～四一三?）は古代ローマ、初期キリスト教の詩人。『新約聖書と旧約聖書の内容を描いた絵画について』はローマの教会堂にあった壁画の内容を説明する四九編の詩からなる。

これらの空間上の位置から明らかに生じている価値に加えて、時間上の位置から生じる別種の価値もある。というのも、どのような芸術作品も、最古の時代からのあらゆる人工物を結びつけるシークエンスの内側にあり、それゆえにあらゆる事物はその系統のなかで独自の位置を持つことになるからである。その位置は、場所、時代、シークエンスがつくり出す座標によって画定されている。ある事物が経てきた時間は、それがつくられて以来の慣習上の絶対的価値を持つだけではない。その時間はまた、その事物が属するシークエンスのなかでのその事物の位置を占めることで、系統的な価値を持つ。

系統年代（systematic age）は、歴史上の位置に関する私たちの概念を拡張してくれる。この考えを成立させるには、各々の事物を、それらの発生の端緒が含まれる形態変化のシステムに関連づける必要がある。したがって事物に対して通常用いられる名称はあまりに概略的で不適切である。イギリスのセヴンオークスにあるような、何世紀もかけて建てられた大邸宅の系統年代に言及しようにも、これまでの表記法はあまりにも大雑把なのである。しかし系統年代という考えを確立すれば、私たちは大邸宅のさまざまな部分や着想を単体で考慮し、かつそれらを統合的に検討することができるようになる。大階段を例にとってみよう。仮にそれが一五六〇年に建造されたものであれば、それは階段のカテゴリーにおいて当時としてはきわめて新しい形であったといえる。というのも大階段は最初にスペインで、のちにはイタリアでもつくられるようになったが、それは一六世紀の初頭より以前にさかのぼることはないからである[原注5]。ジョン・ウェッブ（一六一一〜一六七四）が過去に設計した住宅に左右非対称のゴシック趣味を強引に加えた一七六〇年の改築も、同様にピクチャレスクの建築効果としての形の集合においてはきわめて新しいものだった。とはいえウェッブの考えの基軸はイタリア風という形の集合のなかでは末期のものだったのである。

時代とその長さ

こうして、あらゆる事物はそれぞれに異なった系統年代に起因する特徴を持つだけでなく、事物の置かれた時代がもたらす特徴や外観としてのまとまりをも持った複合体となる。それは生物組織も同様である。哺乳類の場合であれば、その血液と神経は生物史（絶対年代）的な見地での歴史が異なっているし、眼と皮膚というそれぞれの組織はその系統年代が異なっている。

事物の持続期間は絶対年代と系統年代というふたつの基準で計測が可能である。そのために歴史的時間は未来から現在を通過して過去へと続く単純な絶対年代の流れに加えて、系統年代という多数の包皮から構成されているとみなすことができる。この包皮は、いずれも、それが包んでいるその内容によって持続期間が決定されるために、その輪郭は多様なものとなるが、大小の異なった形状の系に容易に分類することができる。誰しも自身の生活のなかの同じ行為の初期のやり方と後期のやり方からなるこのようなパターンの存在を見出すことができるが、ここで、個人の時間における微細な形式にまで立ち入るつもりはない。それらは、ほんの数秒の持続から生涯にわたるものまで、個人のあらゆる経験に見出すことができる。しかし、私たちがここで注目したいのは、人の一生より長く、集合的に持続して複数の人数分の時間を生きていく形や形式についてである。そのなかで最小の系は入念につくり上げられた毎年の服装の流行である。それは、現代の商業化された生活では服飾産業によるものであり、産業革命以前には宮廷の儀礼によるものであった。そこではこの流行を着こなすことが外見的に最も確かな上流階級の証しだったのである。一方、全宇宙のような大規模な形のまとめ方はごくわずかである。それらは人類の時間を巨視的にとらえた場合にかすかに思い浮かぶ程度のものである。すなわち、西洋文明、アジア文化、あるいは先史、未開、原始の社会などである。そして最大と最小の中間には、太陽暦や十進法にもとづく慣習的な時間がある。世紀という単位の本当の優位性は、おそらく自然現象にも、またそれが何であれ、人為的な出来事のリズムにも対応していないことにあるのかもしれない。その例外は、西暦千年紀が近づいたときに終末論的な雰囲気が人々を襲ったこと[原注6]や、フランス革命中に恐怖政治が行われた一七九〇年代との単なる数値の類似が一八九〇年以降に世紀末の無気力感を引き起こしたことぐらいである。

実際、芸術の歴史に一世紀や西暦の一〇年単位に対応するものは何もない。それでも私たちが慣習的な知識としているギリシャ・ローマ美術の期間を考えるなら、紀元前六〇〇年から紀元四〇〇年のように、一〇世紀つまり千年紀を妥当な持続単位としてみることも可能ではある。ただ、それ以外には千年間の持続を思わせるものはなく、ギリシャ・ローマ様式の持続期間の始まりや終わりも恣意的な切断によるものである。

歴史上の持続が「必然的」に繰り返すとみなす考え方は私たちのものとは別種の推論であり、そこに紙面を割くよりも、事物の歴史のなかですでに知られている、実効性のある持続期間や周期を的確に示す時代区分の方に集中して考察を進めてもよいだろう。たとえば、季節の一めぐりを含んだ一年という単位は確かに妥当なものである。人の作業の多くはこの期間に適合する。一年で人は目に見えて年をとり、今後の計画の詳細も一年を単位としている。

古代ローマで用いられたルストラム、[*10]すなわち五年間という単位は、社会主義国家の計画で再び好んで使われるようになった。確かに人間の活動を考えるとき、一〇年より五年がより実用に向いた期間である。一〇年は実用的な計画には長すぎ、十分な記録を残すには短すぎる。一〇年は、一世紀を一〇分の一に区切ったものにすぎない。一〇年も一世紀も、実効性のある持続期間を表すというよりも、

*10　古代ローマでは五年に一度、生贄を捧げるなどして浄化のための儀式が行われ、これをルストラム（ルストルム）と呼んだ。転じて五年という単位を表す場合もある。

恣意的に切り取られた間隔であるにすぎない。一世紀よりも短い周期を好んだ文明もあった。メキシコの人々が選んだのは五二年周期だった。それは四つのインディクティオ（この場合は一三年）で構成されていた。その長さは、人が成人として生活する時間の長さとほぼ一致する。この一致は、儀式を重んじる農耕民による二六〇日という暦と太陽暦の組み合わせをもとに、占星術に用いた彼らの五二年周期がつくられたという偶然に由来していたのかもしれない。

　私たちが用いる世紀という単位よりも道理にかなっているのは、人間の世代の長さである。一世代の長さは目的や時代によって異なった算出方法が用いられる。その長さは人口統計学の研究で二五年とされるが、一般的な歴史学からの見解では三二年から三三年とする傾向がある。二五年は生物の世代交代のような単純な出来事に一致している。また三二年から三三年の方は世界の包括的な出来事に対応しているのだろう。それは三世代で一世紀近くになるわけだから、このような周期は私たちの研究に有効であると考えることもできる。これは流行の周期と一致するもので、祖父母の衣服や家具の趣味はその子供たちに拒絶されるが、そのあとの孫の世代になって再び好まれる。しかし実際には、このような流行の周期がめぐるのに必要とされる時間は半世紀弱であり、それも他の出来事の干渉を受けると変わりやすい。これはクローバーとリチャードソン[＊11]による一六五〇年ごろからの女性のファッションを根拠とする卓越した研究が示している［原注7］。

＊11　アルフレッド・ルイス・クローバー（Alfred Louis Kroeber／一八七六～一九六〇）とジェーン・リチャードソン・ハンクス（Jane Richardson Hanks／一九〇八～二〇一四）はともにアメリカの人類学者。本文にある論文は、師弟関係にある彼らの共同研究である。

インディクティオ（一五年制）という単位

私たちの暦で用いられている慣習的な時間的単位は、人の一生とも、また統計によって推定される一世代の長さ（二五〜三三年）ともうまく適合しない。聖書による「人間の寿命[*12]（三つの二〇年と一〇年＝七〇年）」が適切であるのは例外である。一方で、人間の一生、一世代いずれの数値も、一九世紀に急激に変化したのは確かである。一八〇〇年以前の平均寿命は古代ローマ人であろうが絶対王政期のフランス人であろうが、近年の算出による旧石器時代人の推定平均寿命とほとんど違わない。現代の保険数理士によると、彼らが享受した人生は二五年未満だった。もちろんその時代に、彼らがこの事実に心を痛めていたわけではない。長生きする者もいれば、若くして死ぬ者もいて、誰もがこの平均値付近で死んでいたわけではないのである。したがって人の一生の実効的な年代区分は、今日とほぼ同じであった。幼児期、少年期、思春期そして青年期、壮年期、老年期が、従来からの六つの年齢区分だった。私たちが興味を持つ対象は、後半の四つの区分、つまり一二歳あるいは一五歳以降である。芸術家や職人が多くのものを生み出す期間はここに含まれるからである。したがって、芸術に携わる者の実働期間は約六〇年間であると考えられる。そのうち力を十分に発揮できるのは五〇年くらいのものだろう。つまり芸術家の一般的な持続単位は六〇年を超えることはなく、五〇年から六〇年とみればよいだろう。芸術家の持続期間となる四つの時代

＊12　人間の寿命、つまり七〇年。旧約聖書詩篇の第九十篇にある「二十が三つと十」という人生を表す言葉。手足の指の数を使った二十進法は先史より現代フランス語に至るまで、広く使われている。

である準備期、初期、中期、後期円熟期はそれぞれ約一五年間持続する。それは全体としては古代ローマの暦で使われたインディクティオという単位に似ている し、発達心理学における転換期の考え方にも似ている。いずれにしても、「インディクティオ」という用語は従来の慣例で用いられてきた「一〇年間」よりも優れている。一〇年間という単位は短すぎて芸術家の一生の仕事の重要な変遷とつり合わないことがよくあるのだ。また、インディクティオより長い単位も境目の時期を逃してしまうだろう。つまり、一〇年以上で二〇年以下が人の一生のうちの活力に満ちた時代とも形の歴史のなかの決定的な段階とも最もよく調和するのである。

芸術家の生涯の話から、私たちの主な関心事である出来事がつながり合うシリーズの持続単位へと話を変えよう。美術史において、明確な技術的発展があった集合は、その組織立てにおよそ六〇年、そしてその最初の系統的な応用に六〇年を要する。ゴシック建築において、初期の大規模なリブ・ヴォールトの建造物は、一一四〇年ごろにイル＝ド＝フランス地方で始まり、ゴシック建築の空間を構成する要素は一二〇〇年までには実現していた。しかし、この技術が最初に定式化したのはアングロ・ノルマン民族の支配地域であり、その皮切りとなる重要な時期が一〇八〇年から一一四〇年までであると主張した研究者もいる。つまりこの発明的な努力には識別可能なふたつの段階があった。そして、ここでの要点は、それぞれがおよそ六〇年間続いたところにある。これと似た現象として紀元前約五一〇年を挟む前後約六〇年間のギリシャの壺絵の歴史が挙げられる。他にも一五世紀にイタリアの中心部で約六〇年間続いたルネサンスの画法の体系の発展や、一八五〇年以降のアメリカ合衆国やヨーロッパに出現した高層の鉄骨建築物が挙げられる。これらのシリーズのそれぞれには、中心的な運動に先行する散発的な試用の前兆があった。

美術の歴史においていくつかの重要なシークエンスの持続が六〇年間の二倍であることは、経験的にもたらされたものである。「必然的」進歩という観念が先にあって、それが時間の長さの観測を支配してきたわけではない。出来事の始まりと終わりについてのわずかな意見の相違は生じるかもしれない。しかし、私たちは「美術の様式」を問題にしているのではなく、限られた地域での関連する事例における特定の形が持続する歴史について語っているだけなのだから、六〇年という長さそのものに対して誰かが反論することもないだろう。

この持続単位は、あるシステムにおける発明の六〇年と発展（mise au point）の六〇年というふたつの世代を含んでいる。そのあと、この体系は不特定の反復にも耐えうる実体性を完成させ、より広範囲に流通してゆくのである。このふたつの六〇年によって構成される期間は、しばしば「古典的」段階と呼ばれている段階と一致する。たとえばフェイディアスの時代や、一二〇〇年ごろの北フランスにおける壮大な大聖堂の時代、あるいは一五〇〇年ごろのイタリアにおけるルネサンスの最盛期である。

段階的な六〇年を対にしたこの持続はヨーロッパ以外にも例がある。四世紀から五世紀のマヤの彫刻や、一六五〇年以降の日本の木版画である。これらの例はすべて技術やテーマや表現の新しい源泉を巻き込み、構成や描写に関する幅広い目的を達成するための新鮮な方法を備えているという意味で、同等である。完成へ至る試行とそのあとの急速な普及というふたつの段階に分けられる対の六〇年がつくる約一二〇年という持続が広く一般的に妥当なものかを確かめるには、もっと多くの証拠と事例が必要である。しかしそうすれば、この持続期間は特定の文化組織に依存するものではないことがわかるだろう。コロンブスによるアメリカ大陸到着以前のプレコロンビア期の遺物も、すでにそのような都市文明の最小持続期間があることを強く示唆している。

旧石器時代の壁画を試金石とすることも可能である。ドルドーニュとカンタブリアの洞窟に見られるふたつの主要な地域的変種の間には、その類型と表現とにおいて一七世紀におけるフランス絵画とスペイン絵画の違いと同じ程度の差しかない。ここで私たちが問いたいのは、それがどのくらい持続したのかということである。一部の学者はこの美術の伝統に三〇〇〇年、四〇〇〇年と続いた氷河期の時代をあてているが、それには十分な証拠がない。ラスコーやアルタミラに見られる壁画群は、何かの原因で時と場所の運に恵まれて、幾世紀かの間遊牧生活の仕事から一時的に解放された、ほんの数世代の画家たちが生み出したのだという可能性はまだ残されているのである［原注8］。もしそうであるならば、発明の時代における典型的かつ最小の持続は、個々の文化的事象によるものではなく、時間が生み出す人間の活動区分であることが明らかになるだろう。

ふたつの六〇年間への分割、つまり形成過程とそれに続く組織的拡張を分けることは主に歴史的検討の蓄積から導き出されたものである。六〇年という期間は歴史と伝記に共通し、両者を結びつける長さでもある。もちろん、それは検討するのに便利な近似値にすぎない。また六〇年間は、人生における生産的期間の長さでもある。とは言え、それだけの長さにわたって頂点に君臨する芸術家はきわめて少ない。そこにとどまる力は彼らの「登場の仕方」によっている。それ以外は通常、個人の発明能力は若い時期に限られている。もし芸術家が人生の後半に新しい形を完成させたとしたら、それは彼の若い時期に胚胎していた兆候が成熟して具現化したものだろう。人生の重要な段階は、たいてい、インディクティオのような一五年間ごとに割り当てられる。それゆえ活動期間の全体はこのようなインディクティオを四つ含むことになる。アングロ・フレンチ式のゴシック建築、古代ギリシャの前古典期の彫刻、中部イタリアの絵画等の出来事の周期を調べると、どれもがふたつの六〇年に分けられる約一二〇年にわたる解決のシリーズであることにおいて類似している。そしてその六〇年はそれぞれ芸術家の世代交代、つまり一五年のインディクティオで分割・構成されている[原注9]。さらにインディクティオは、歴史上の持続におけるいろいろな長さを測るものさしになる。それは、ペースやフィートやエルのように経験から導き出された単位なのである。それは少なくとも、事物を個人の一生や世代の時間と結びつけるための暫定的な単位になりうるだろう。
次の単位として、さらに長い持続期間がある。それは形を観察する基礎ともなるもので、見込みのありそうな期間とはおよそ三世紀である。それはいくつかの文明社会における主要な段階が持続したおよその期間に対応し、時代を耐え抜いて残ったその製作物は、その詳細が復元されたものもある[原注10]。その例のひとつとして、コロンブスの到着以前のアメリカ大陸にあった文明の主要な区分の長さが挙げられる。この文明が栄えたのは、のちにスペインによって征服される約二千年前のことであった。この年代は当初、つまり二〇世紀の初めには、例証にみられたいくつかの傾向にもとづいた単なる推測にすぎなかった。しかしそれは近年、放射性炭素測定によって確かめられた。考古学の記録上の転換期から次の転換期までの時間的間隔がこの規模であることが証明されたのである。それによって、西暦一〇〇〇年以前の千年間、神政国家の統治下にあったメキシコや中央アンデスの村々における陶器製造の初期、中期、後期といったような、製造物の段階を示す持続期間が判明したのだった。

*13 ペース、フィート、エルはいずれも英語圏で使われる、あるいは使われていた「身体尺」である。ペース(pace)は歩幅、フィート(feet)は足の大きさ、エル(ell)は肘(elbow)を含む肩から手首までの長さを基本単位としている。

さて、閉じられたシリーズが人為的で架空の概念であることは先に述べた（七七頁参照）。なぜなら、いかなる形の集合も最終的に閉じることはなく、新しい状況がそのまとまりを揺り起こせば、いつでもその活動は再開されるからである。ただしここで私たちは連続的な集合と断続的な集合とを区別しておいた方がよいだろう。連続的な集合は、美術の歴史全体や、家にある陶器などの人類史上最もありふれた存在など、事物の最も大きなグループに対応しているものなので、それらの流れが決してやむことはないからである。

断続的な集合

一方で、先の断続的な集合を考えるとまず二種類のあり方が思い起こされる。それは同じ文化的集団の内側で一度衰退してしまうものと、異なる文化にまで及ぶ長さを持つものである。同じ文化的集団の内側で断絶してしまったものとして、ルネサンス後に廃れてしまった七宝宝飾の技術がある。この場合は例外的に遠く離れた地域でそのあと再開されている。一九世紀ロシアのファベルジェ工房の宝飾品[*14]や、エトルリアの金細工職人の間では一般的だった金の粒化技術を再開させたクリーヴランドのジョン・ポール・ミラー[*15]の作品がそれにあたる。また一五世紀に登場した油絵の勢いに押されて、テンペラ画法は長い間使われなくなってしまった。しかし一九世紀から二〇世紀にかけての文化的状況がその派生形を再生

*14　一八四二年、グスタフ・ファベルジェ（Gustav Fabergé／一八一四～一八九三）によってファベルジェ工房は開かれた。金細工やエナメルの技術に長け、彼の息子カール・ファベルジェ（Peter Carl Fabergé／一八四六～一九二〇）がロシア皇室のために製作した「インペリアル・イースター・エッグ」がよく知られている。

*15　ジョン・ポール・ミラー（John Paul Miller／一九一八～二〇一三）。アメリカの金細工師。古代ローマ時代以降、途絶えていた金細工の技術を復活させた。

させた。一九四七年までイェール大学で活発だったテンペラ画のアカデミーは、チェンニーノ・チェンニーニによる一四世紀のテクストを基礎にしていた。そのテクストはD・V・トンプソンによって編集され、教壇にはルイス・ヨークが立った。[*16] このアカデミーの目的は、一九三〇年代の公共事業がもたらした壁画制作計画に応じられるように学生を指導することだった。また建築分野で考えた場合、リブ・ヴォールト本来の技法は、長い沈黙を挟んで二〇世紀にめざましい復活を遂げた。まずはガウディによって、あとにはリブ構造を用いたフェロ・コンクリートの研究において再活性化したのである。

このような断続的な集合においては、それぞれの集合が含む衝撃の間に大きな時間的隔たりがあるために、それらがあたかも別の発明グループであるかのように理解されがちである。けれどもその新しいグループは、過去に深く埋もれてしまった伝統や偉業といったより初期のグループなしにはありえない。古い集合は現在の世代が考えるよりもいっそう広い範囲で、新しい継続を条件づけるのである。

文化から文化への普及の歴史にもまたいくつかの動きの種類がある。産業革命以前の物資移動の状況、たとえばローマ帝国と漢王朝時代の中国との遠距離間では、まず最も実用的な発明品のみの行き来があった。また各宗教が中国文明の象徴的構造の全体を変えようとした組織的な布教活動は、六世紀以降のインドからの仏教徒によるものや一六〜一七世紀におけるキリスト教徒の活動のように、一

＊16　イタリア、初期ルネサンスの絵画の技法を書き記したチェンニーノ・チェンニーニ（Cennino Cennini／一三七〇〜一四三五）の『Il libro dell'arte』は、アメリカのD・V・トンプソン（Daniel Varney Thompson／一九〇二〜一九八〇）の手で翻訳・出版（*The Craftsman's Handbook: "Il Libro dell'Arte"*, 1954／邦題『絵画術の書』岩波書店、一九九一年）され、一六世紀以降衰退していたテンペラ画復興のきっかけとなった。当時のアメリカは大恐慌時代であり、芸術家支援を目的とした「連邦美術計画（The Federal Art Project）」（一九三五〜四三）がニューディール政策の一環として実施されていた。テンペラ画は壁画技法の一種として広がりを見せ、トンプソンは教え子のルイス・ヨーク（Lewis Edwin York）とともに当時の芸術家たちにテンペラ画を指導した。その流れは多くの「パブリック・アート」が計画・実施されるなかで「抽象表現主義」へとつながっていった。

時的には成功を見せた。しかしそれらも、それまでの貿易を通して中国にもたらされていた十分な実用的知識の伝統がなければ決して始まることはなかっただろう。ときには一六世紀のスペインによるメキシコとペルーの征服のように、突然の軍事行動がこれらの商業や布教が浸透する動きに取って代わることもあった。征服後、その土地の実用的ならびに象徴的なふるまいに関わる伝統は、ヨーロッパからの大量の代用品に一気に取って代わられた。アメリカ大陸固有の文明を一掃してしまった破壊のあとも生き残ったのは、ヨーロッパ人にとって目新しい、じゃがいも、トマト、チョコレートなどの彼らにとって有用な実用品だけであった。

この破壊を免れ今日まで残っている先住民の芸術形式はほとんどない［原注11］。メキシコの村落芸術を見ると、アメリカインディアン（インディオを含む）としての古代の芸術は封印されてしまい、商業的な再利用にわずかに残るのみである。一方で、二〇世紀メキシコ絵画の主要人物であるオロスコ、リベラ、シケイロスらはみなアメリカインディアンの過去を拡張してみせた。それに加えて、自身のやり方で土地固有の多くの主題を展開した外国人もいた。フランク・ロイド・ライトは、マヤで試行されていたコーベル・ヴォールト*17（疑似アーチ）の構造を復興させた。その構造は一五世紀にユカタン半島で用いられて以降は廃れてしまっていたのだった。彼は新しい技術的手段を使い、チチェン・イツァのトルテック・マヤの建造者たちが放棄してしまった様式を復活させた（バーンズデール邸、ロ

*17　マヤの建造物によく見られる持ち送り式の天井。石積みの各段を三角形状に少しずつせり出させて高い天井をつくった。

サンゼルス、一九二〇年）。英国の現代彫刻家ヘンリー・ムーアも同様に、一二世紀ごろのトルテック・マヤの伝統にもとづいた、横たわる角張った人体という主題の変奏に到達した。アメリカ人のジョン・フラナガンは一五世紀アステカの表現形式を用いて簡潔な動物の習作をつくった。一五世紀に完結しなかったアメリカインディアンの美術の集合がこのように二〇世紀においても続いているのは、石器時代人が長大な時間を超えて近代工業国にやってきたような、いわば逆転した植民行為であるとする解釈も可能だろう。絶滅した文明の感受性が、その形式が持つ語彙によってのみ、五〇〇年の時を隔てたまったく関連のない文明のなかに生き残り、その時代の芸術家の作品を形づくっているのである。

もちろん、これは歴史的な関係の度合いと関係なく起こりうる現象である。この現象が西洋文明を最も大きく変容させたのは、ルネサンスの時代である。そのとき、古代ギリシャ・ローマでは終わらせることができなかった仕事が、ヨーロッパの集団心理全体に深く入り込んだのである。それは、二〇世紀のピカソが描いたオウィディウスの『変身物語（*Metamorphoses*）』の銅版画による挿絵に至るまで彼らの心の深部を支配し続けたのであった。現在では、古典時代の遺物は、永く実現されないままだったそれらの可能性の主な輪郭を仕上げようとするかのように、世界中のさまざまな有史以前の芸術や原始美術といった、さらに彼方の原型に取って代わった。言い換えれば、人が新しい形をつくり出すと、それらはある程度隔たった後世に対して無意識な命令のように働く。芸術作品それ自体がその命令を伝えるのである。

絶滅した世代の作品がいまだこのように強力な刺激を発していることは、疑いの余地なく、文化が連続するすべてのメカニズムのなかで最も重要なことのひとつである。古代からのメッセージが、このようにいつまでも時間の回廊に反響し続けるかどうかは、記録が短い間ははっきりとはわからない。しかし過去の表現の規範からの完全な自立を意識的に追い求めたほんの短い期間が、ただ一度だけあったことは確かである。その期間は機能主義という名のもとに、一九二〇年以降のヨーロッパにおいて一世代継続した。同様の歴史的な類似性は、以前のコンスタンティノープルで、一五世紀フィレンツェで、イスラムで、ユダヤで、そして清教徒のプロテスタンティズムで、これらさまざまな宗教改革における因習を打破しようとする動きのなかに見出すことができるだろう。機能的な計画のもとでは、考えられる限りのあらゆる製品は、使用目的のみに対応した形を探究しながら新たにデザインされていった。それらは、必要なものだけが美しいとする教義的な信念にもとづいているのである。

停止した集合

いまだその目的が達成されていない未完結の集合を取り扱うのならば、放棄され、留め置かれ、いわば「餓死寸前」の状態にある集合、つまり利用されずに放っておかれた集合というトピックについても簡単に調べておくべきだろう。生涯世間に認められなかった発明者の存在は珍しくない。彼の仕事を引き継ぐ能力のある者が幸運にもその発明を知る機会が訪れるまで、それは何年もの間、世に知られることはない。よく知られる先例は科学の歴史でも起こっている。遺伝学の基礎となったグレゴール・メンデルの研究が約四〇年もの間放っておかれたことは有名な話である。また、美術の歴史にも同様の例が数多くある。たとえば、クロード・ニコラ・ルドゥーはナポレオンの治世にその新古典主義的な純粋幾何学形態の手法で、二〇世紀に「国際様式」が行った徹底的な抽象化を予示していた。またジョセフ・パクストン卿が用いた金属製の部材によるプレファブリケーション技術は、水晶宮（ロンドン、一八五〇～五一）のなかに現れたガラスと鉄でできた予言的な空間の設計を可能にした。彼らのような先駆者たちは、大多数の人々が必要性を実感するずっと以前に、その解決を生み出す力を持っていたのである。実際、需要が形成される過程において、多くの場合、その最終的な形態はむしろこれらの尚早の才能に負うことになったのである。

先の放置されたケースの他に、他者による征服は、未完結の集合をつくり出す別の重要な契機であった。征服者はその土地の制度を廃し、自身の制度を拡張し、置き換えていった。もし征服者が、アレクサンドロスやコルテスのように誘惑的な恩恵をその土地に提供できる場合には、彼らは多くのその土地の伝統の継続を不必要で不可能なものにしてしまう。未完結の集合が発生した典型的事例は、一六世紀のアメリカ大陸で起こった事例である。そのとき、征服によって打撃を受けた先住民の主導権は、ヨーロッパのより優れた知識に引かれて、瞬く間に停止したのであった。

同時期におけるアメリカ大陸でのスペイン植民地文化の創造は、拡張される集合の古典的な事例と見ることができる。この拡張は、本国での発明や発見が、それに対応する技能を育てるために必要な職工や職人といった人々とともに、植民地にもたらされたときに起こった。このように、一八〇〇年以前のラテンアメリカは、スペイン的なものが拡張された象徴的な例である。他のより規模の小さな領土や少ない人口においても、同じような事例は数え切れないほどあり、それらもまたこの問題を十分に例証するものである。キリスト教社会だった西ゴート族のスペインにイスラム教の信仰が強制されたときや、アレクサンドロス大王の軍隊によるインドのヘレニズム化などがそれにあたる。

このような性質から考えて、未完結の集合には、拡張された集合に比べて、十分な記録がないことは当然である。征服者や植民者は、消し去ろうとしている伝統について貧弱な記録しか残しはしない。そのなかにあって、アメリカ大陸のスペイン植民地での一部のキリスト教徒の倫理的行為は、ユカタンのディエゴ・デ・

ランダ司教、メキシコのベルナルディーノ・デ・サアグン修道士、中央アンデスのベルナベ・コボ神父といった先住民文化についての百科全書家たちを生み出した。[*18] 現代の私たちは、一六世紀以前の先住民の行動に関するほとんどすべてを彼らの記録に負っている。それら記録を踏まえると、一六世紀中ごろの、たった一世代の範囲内のメキシコ先住民の職人がつくった品々のなかに、視覚言語の突然の置き換えが最もはっきりと刻まれている。

　つまりメキシコ高地では、一五二五年から一五五〇年ごろにかけて、はるか遠くのイベリア半島のプラテレスコ美術がアステカ美術に取って代わったのである。ここで特に私たちの興味を引くのは、これらふたつの視覚言語がそれぞれに持つ系統年代である。当時のスペインにおけるプラテレスコ様式は、すでにその歴史の後半に入っていた。初期プラテレスコ様式の特徴は、一貫性もなく統制もないが一方でたいへん潑剌とした表現であった。それは一五四〇年ごろまで使われていたが、そのあとのプラテレスコ様式は一世紀も前のイタリアの理論家から学んだ均斉と調和のとれた抑制された表現に変わっていった。つまりメキシコにもたらされたのは、時代遅れとなっていた中世後期の装飾、時代を逆行したイタリア由来の慣用形式であり、たとえ最新のプラテレスコ装飾であろうと、メキシコにもたらされたものは系統的に古いものだったのである。

　一方でアメリカインディアンの側を見れば、彼らのアステカ彫刻には生と死を

＊18　スペインに征服されたメキシコでは、キリスト教の布教のため先住民の偶像や神殿は破壊され絵文書は焚書にされた。ユカタンの初代司教フランシスコ会ディエゴ・デ・ランダ（Diego de Landa／一五二四？～七九）は弾圧を推し進める一方でマヤの文化を研究した。しかし彼の残した伝統的記録『ユカタン事物記（*Relación de las cosas de Yucatán*）』には誤りが多く、逆にのちの研究者を混乱させた。また同じフランシスコ会のベルナルディーノ・デ・サアグン（Bernardino de Sahagún／一五〇〇?～九〇）はテノチティトラン（現在のメキシコ・シティー）で『ヌエバ・エスパーニャ概史（*Diccionario histórico universal de Nueva España*）』を残した。またイエズス会のベルナベ・コボ（Bernabé Cobo／一五八二～一六五七）はペルーでインカ文明を研究し『新世界史（*Historia del Nuevo Mundo*）』を著した。

象徴的に暗示する卓越した表現能力が表れている。しかしこれは支配を被った彼ら多くの人々の芸術的資源がもたらした新しい美術であった。それは、彼らの部族的伝統である力強い表現を活用したものであったかもしれないが、おそらく一五世紀後期のアウィツォトル[*19]統治後に成立した美術であり、スペイン人到来から一世代もさかのぼらないころのものだったろう。これら有能な彫刻家たちの正体が知られることは今後とも決してないだろう。しかしこの美術が、スペインからもたらされた古い美術に位置を譲りはしたものの、系統的には新しい美術であったことは確かである。これらふたつの美術は、系統年代的に見ればそれほどの違いはなかったが、その技術的背景やそれまでの伝統との間には、巨大な隔りがあったのである。

ここで先住民のシリーズが不完全になってしまったことは、私たちにとって疑いようがない。先住民のシリーズは、機が熟さないうちに打ち切られてしまった。その自然な帰結が見出される契機は、それ以降一度もなかったのである。これは拡張されたシリーズのために打ち切られてしまった未完結の文化のシリーズの臨床症例である。

このように古い集合が新しい集合を追いやってしまうと、当然のように不連続が生じる。先住民労働者は新しい技術を習得するために、ヨーロッパの手法に合わせて自らを退行させなければならなかったのである。実際、彼らが学んだヴォー

*19　テノチティトランの第八代王(在位一四八六〜一五〇三)。コルテスがテノチティトランに入ったのは一五一九年、陥落させたのは一五二一年である。

ルト構造は一二世紀初期にアングロ・ノルマン人の領地で使われた単純な建造技術だった。また、彼らの彫刻が単純な平彫りになったのも、より複雑な造形を試みる前に、彼らの道具が石器から鉄製の彫刻刀に替わってしまったからである。このプロセスは、生物学的比喩を使えば、個体発生中に系統進化を反復する例のひとつである。新入りたちは、現在の水準を学ぶため、要約された形でその集合全体を復習する。この作業は、現在の学校やアカデミーでも繰り返されている。基本的な動作から最終的な操作までが順を追って教えられ、生徒のこれまでの習慣は新しい機械的手順に取って代わられる。このような機械的学習のすべての場面には、二種類の過去の知識の間の不連続が含まれている。初めてそれを行う習得者がすでに持っていた別の知識と、それを何回も行っている教える側の知識との間に生じる不連続である。

このような機械的学習が主であったという意味で、すべての職業教育や植民地での条件は大量の模倣活動(八六頁参照)に属するものであって、革新的なものを発見し探究するような集合ではない。それゆえ植民地社会は、不適切な指導を続けて与えられてきた学習者に少なからず似ている。彼らが新しい経験に遭遇することは稀であり、彼らは実用的で最低限の技術的知識に陥りがちである。このような形の集合の活動が停止してしまっている状態は、地方や田舎の環境で発生するともいえる。粗野で素朴な芸術は、植民地における芸術活動の本領を示すものである。通常、遠隔の地や孤立した場所における発展段階は大都市のシリーズから分離されている。そこではオリジナルの衝撃は伝達され続けることで、その内容は減衰し、付加的な装飾ばかりが増えてしまう。たとえば、一九世紀ヨーロッパの農民の服装がそれにあたる。当時ヨーロッパではフランス革命以前の宮廷ファッションが、それも何百年も前の流行までが、地方で繰り返され盛んに用いられたのである。

植民地社会を人々が納得するように定義づけることは難しい。しかし今までの文脈において植民地社会とは、重大な発見や発明が起こらない社会とまとめることができるだろう。宗主国から独立するか反乱でも起こさない限り、主導権は社会の内部ではなく外部から来た者に握られている。たとえ政治的に独立したあとの地域社会であっても、発明の自由を制限する経済的な制約がいまだ継続しているために、独立後も長期にわたってここでいう植民地状態のままなのである。したがって、征服によって形成された植民地国家はみな、老朽化した段階の、未完のシリーズをさらけ出してしまう。

拡張されるシリーズ

未完のシリーズであることに加えて、植民地国家では、宗主国への依存を示す多種類の拡張されたシリーズをよく目にする。これらの拡張は、宗主国で教育を受けた人々によって担われた。植民地時代のラテンアメリカはその古典的事例である。そこでは、地方行政府の高官は皆イベリア半島出身者であり、現地生まれのクレオールの役人は低い地位でのみ受け入れられた。またイベリア半島出身の建築家、彫刻家、画家たちは、早くから、現地の職人たちにヨーロッパのデザインや表現の伝統を植えつけた。植民地がスペインによる政治支配に反抗するときでさえ、彼らの芸術はそのようなヨーロッパの伝統からは逃れられなかったのである。

ラテンアメリカでは、宗主国が植民地を拡張させていった変遷過程を容易にたどることができる。新大陸に、町、教会、家、調度品、道具を備えるには、たとえそれが最低水準のものであっても、莫大なエネルギーを要した。何もなかった状況から始めた地元の労働者たちは、あまりに少ない人口、分散した居住地、町の孤立、そして植民地ないしは植民地とイベリア半島との間の不完全なコミュニケーションを前提として、以降綿々と繰り返される仕事の仕方を学んだ。

活気もなくまた無頓着な植民地での制作ではあるが、三世紀の間にたった三回だけ、それも建築だけが、その困難を克服した。それらは、一六五〇年から一七一〇年にかけてのクスコとリマの建物、一七三〇年から一七九〇年にかけてのメキシコ総督の建築、そして一七六〇年から一八二〇年にかけてのミナス・ジェライス地方[*20]のブラジル・フランシスコ会第三会・在俗会派の礼拝堂であった。もちろんラテンアメリカには、グアテマラのアンティグア、メキシコのタスコ、ペ

＊20 ブラジル東南部に位置するミナス・ジェライス地方(現在は州)は一七世紀のゴールドラッシュを機に栄えた。その首府オウロ・プレット(現在の州都はベロオリゾンテ)の町には一八世紀の教会建築が多く残っている。

ルーのアレキパのように、並外れた美しさを持つ町や村がある。しかし気候や環境に恵まれたそれらの魅力は、厳しい発明的努力を求められることのない気安さからくるものであった。フィレンツェやパリを、長期間、事物の歴史における画期的中心にい続けさせたような、新しさへの熱心な探求にもとづくものではなかったのである。アンティグア、アレキパ、オウロ・プレットにおけるその美はヨーロッパのピクチャレスクな地方都市にあるような単純で昔ながらの主題の調和によって達成されたものであり、壮大な都市や宮廷に見られるような複雑な維持制御を大幅に単純化したものであった。それは、新しい形への熱烈な探求が過去からの分離をもたらした事物の美しさというより、むしろ、自然の恵みを受け、幾度も繰り返されたがゆえの伝統的な形の美しさなのである。

　このような、地方への拡張は、宗主国の芸術にとってもすべてが有益であった。スペイン植民地で仕事の機会があったおかげで、本国では建築家や画家や彫刻家の数が増加した。こうして、マドリッドではなく、大西洋を横断する貿易の最も重要な港町であったセビリアが、一七世紀にスペイン絵画黄金時代の中心地となり、マドリッドの新しい宮廷はセビリア派の優れた画家をたびたび呼び寄せていたのである。その関係と同様に、前五世紀のギリシャ地方の建築芸術の繁栄は、それ以前にすでにギリシャの都市が地中海西部の植民地にまで広がっていたという有利な状況を前提としていた。ローマ帝国の建築も、伸長する植民地建設から同じように利益を得ていた。国家の建設需要が著しく増大したために、母国の建築設計者はその数と専門的な質の両方において、急激な進展をみせたのである。これらの相互関係を直接に証明できるわけではないが、近年のよく似た状況からそのような仮説を導くことができるだろう。もしこの考えが通用するなら、これらは経済情勢と芸術活動が密接に結びついた数少ない実例となる。

経済史家たちは、芸術の繁栄と経済的混乱は互いに関係していると論じてきた[原注12]。芸術的卓越と芸術的な機会の豊富さが結びついたスペインの事例は、確かに、芸術の卓越と実体経済の危機が互いに関係しているという論にも符合している。スペインの一七世紀は経済的に不安定な時代だったのだが、絵画や詩歌や演劇は栄え続けていたからである。しかしさまざまな美的な出来事すべてを同じ視点で眺めれば、植民地や地方の停滞は大都市の活気と相互的な関係にある。つまり同一の地域圏においては、一方が他方の犠牲の上に維持されている。それゆえどの発明の中心地も、その生産を支え、消費役となる広範囲の地方的基盤を必要としている。たとえば地中海沿岸の一三世紀ゴシック美術がその複製をナポリあるいはキプロスにおいて大量に見つけることができるように、すべての拡張された集合の製作物は、地域によるアクセントの違いこそあれ、せいぜい一世紀前のヨーロッパ北西部やイギリス南部、あるいはフランス北部の新興諸都市でつくられた発明品の模倣なのであり、それらは共通の原型へ向かう中心を指し示している。

さまようシリーズ

このような、地方や植民地へと複製され伝えられる拡張のシリーズと混同してはならない集合のあり方がある。それは一定周期の状況変化を必要として、継続的に発展していく、いわばさまようシリーズというべき現象である。その事例として最適なものに、極端に大きな集合、たとえばロマネスクからゴシックを経て中世末期へと至る建築や、ヨーロッパのルネサンスからマニエリスムを経てバロック期に至るまでの絵画である。そこには、発明の中心地が推移する様に驚くべき規則性が認められる。それは約九〇年の周期で起こり、革新の中心となる地勢が異なる場所へと移り変わっていくのである。

その変化が最も現れているのは、よく知られているように、中世ヨーロッパ建築の中心が地方の僧院から市中の大聖堂、そして都市全体へと移り変わっていったことである。もうひとつの例では、重要な画家たちの居場所が、中部イタリアの小都市国家群から一六世紀の宮廷や一七世紀の繁栄した商業中心地へと移動したことが挙げられる。

これらの変化を、芸術を経済史の一相に還元し、芸術家は権力と富の真の中心に追従するものと説明することもできる。しかしこの説明では十分とはいえない。

なぜなら富と力の中心地は多数あるが、そのなかで主要な芸術的革新の中心となる地はごくわずかだからである。芸術家はしばしば、トレド、ボローニャ、ニュルンベルクのような、富と権力がさほど集中していない場所に引き寄せられたこともあった。

発明家はその孤高な立ち居ふるまいにもかかわらず、仲間を必要とし、同じ問題に携わる他の人々の刺激を求めている。一部の都市は芸術家のギルドの存在を早くから認めていた。そうすることでギルドが持続するための条件と環境を確立していったのである。ピューリタン主義や偶像破壊主義の伝統が、長期にわたって美術を無用でくだらないものとして排斥し続けた都市もあれば、時代の転換点ごとに影響力のある芸術家の関与がうかがえる都市もある。たとえば、トレドやアムステルダムは、今でも、一七世紀の偉大な画家の痕跡を残している。ブリュージュは、何世代にもわたって画家を育て、また彼らがその街を形づくった。また、最も偉大な建築家たちがフィレンツェやローマの都市を形づくった。芸術家には、後援者たちの存在以上に必要な要素がある。それは作者の生死を問わず、同じ課題に携わる人々の作品との交わりである。ギルド、仲間《コーテリエ》、工房《ボッテーガ》、仕事場《アトリエ》は、芸術的革新という終わりのない現象にとって欠かすことのできない社会的な要素であり、それらは技術的伝統と権力や富への接近を許す環境に好んで集まる。だから革新の中心地が、ある地域から他の地域へとゆっくりと移るのを経済的魅力だけでは十分に説明できないし、他の動機に答えを求めることが正当化されるのである。

さまようシリーズを説明するのに、より重要なのは、おそらく富よりも供給が飽和することの問題である。古い解決法が最新のものより、しばしば要求に応えていることがある。先に記したように、それぞれの形の集合は、形の変化の諸段階に通底して継続する要求をつくり出し、またそれを解決しようとする。その要求は、案出されたその解決策ほどには変化しない。家具の歴史には、そのような固定化した要求と変化してゆく解決法の関係についての事例が数多く見られる。一八世紀や一九世紀の家具の形の多くが、そのデザインに要求されていた必要性を今でも完璧に満たしており、モダン・デザインの機械製の椅子やテーブルよりはるかに優れている場合もしばしばある。現代の工業デザイナーが古くからの要求を満たす新しい形を見つけたとしても、彼は古い形にすでに満足している人のなかから新しい形の購入者を十分に見つけ出す困難に直面するぐらいである。そのようにして過去に成功した製造行為はどれも、その製作物が必要とされるかもしれないありとあらゆる機会に応えることで、それがつくられた地域に溢れかえってしまいかねないのである。

他の例を見てみよう。一一四〇年以降の約一〇〇年間で、教会の入口側面にある朝顔口[*21]に聖書にまつわる人物の円柱像を用いることが一般的になった。それは教会正面の扉口の形式として、パリ周辺のイル＝ド＝フランス地方からヨーロッ

＊21　embrasure　厚い壁に朝顔状に外に向かって開くような角度を持たせて開けた開口部。

パ中に広がったのだ。フランスのロワール川以北では、壮大な大聖堂入口に、洗練へ向かうその主要な諸段階を今なおたどることができる。しかしその地域では、正面扉口の形式が完成したことで、その他の解決法が登場することが阻まれてしまった。その代わりに、先の朝顔口の石像群の主題がフランス・ゴシック美術の広がりに伴ってますます定型化していった。言い換えると恒久的であり成功した形式は、それが最初に生まれた地域をその形で満たしてしまい、より新しい関連する形が同じ位置を占めることを不可能にする。さらに、どんなものであれ成功した形には、その維持と永続のための防御システムが現れ、古いものが同種の要求を満たしている場所で新しいデザインがそれに取って代わる機会をますます減らしてしまうのである。活動中の芸術家は、しばしば彼の同時代人よりも五〇年前に死んだ芸術家の作品に、より厳しい競合を迫られているといってもいい。

満たされていない要求が多く残っている地域でも、それらに応えるだけの資源を持っていれば、特定の状況のもとで革新を呼び起こすことがある。一八七六年以降のシカゴは、新しい経済地域に確立した大都市圏の中心としてだけではなく、大火災で灰塵に帰した都市として、建築家にとっては二重に魅力があった。バーナム[*22]やサリヴァンが開花させ、あとにライトが続いたいわゆる「シカゴ派」はその結果である。しかし一八七六年以降のシカゴ再建が、形式上の良好な歴史的接合点でなかったとしたら、アメリカ建築の時代を画する刷新とはならずに、地域

*22　ダニエル・ハドソン・バーナム（Daniel Hudson Burnham／一八四六〜一九一二）はアメリカの建築家、都市計画家。一八七一年のシカゴ大火のあと、シカゴの摩天楼建築群をつくり上げたシカゴ派のひとり。しかし古典様式を多用した彼の建築はルイス・サリヴァンの批判を受けた。都市計画家としても活躍し、シカゴの都市計画案（一九〇九）は近代アメリカにおけるモデルとなった。

的な拡大にすぎなかっただろう。ここでいう良好な接合とは、一般的に、未使用だった技術とその表現の成立がつくり出すものであり、幅広い要求に応じることのできる新しい形の集合の幕開けを告げるものなのである。また、ある形の集合の全体が古びるにつれ、新しい時代をもたらした偉大な文明の終盤の数世紀に見られるように、たいていの都市環境は、初期の段階の成果物によって何度も反復と飽和を繰り返した。その結果、歴史の主要な時代が終わりに近づいたときの顕著な特色のひとつとして、一八世紀西ヨーロッパのロココ様式のように、装飾的流行が優勢となる。それはまだ使用に耐えうる古い構造体を基本として、その内部でも外部でもその表面を化粧し直し改造する方法としておあつらえ向きなのである。

並立するシリーズ

同じ瞬間に混在している異なる集合それぞれの系統年代の多様さは、私たちに現在を、常に複雑で混乱したモザイクのように思わせる。それは歴史上の過去として遠ざかった地点から見て、初めて明瞭で単純な形として現れてくる。ミノア文明中期に関する私たちの見解は、ふたつの世界大戦に挟まれた当時のヨーロッパについてのそれよりはっきりしている。その理由は既知の情報が少なく、また古代の世界はより単純だからでもあるが、古い歴史の方が間近にみえる最近の出来事よりも長期的展望に立ちやすいからでもある。

出来事が古ければ古いほど、私たちは系統年代の違いを軽視しがちである。パルテノン神殿は、周柱式寺院形式のなかでもそれがすでに使い古されていた時期のものである。イクティノス[*23]が生まれたころにはもうこの集合はたいへん古いものになっていた。しかし古典研究においても、そのような系統年代から見た評価に話が及ぶことはめったにない。古典研究者は、事物を大きく区分けしたおよその年代によって検討するしかない。事物のシリーズを検討する際も、年代を年単位で正確に定められることは稀である。系統年代に似た考え方は、E・パノフスキーが一三世紀の特定の一〇年間におけるランス大聖堂の彫刻群について、熟練の工匠と若い工匠が手がけた作品の区別を試みたときのように、ゴシックの中世彫刻研究のなかで発展してきた。ルネサンス絵画の鑑定で年代や出所が明らかに不正確であるときに、その作家が当時すでに誰も使わなくなった手法に固執していたという解釈をすることで、意図せずして系統年代を取り入れて解決することも多くあった。現代美術の研究に至って、ようやく年代推定の問題はなくなるが、なお派閥、伝統、革新によって分類する必要があるのは、そこに系統年代の考えが含まれているからである。

異なった視点から見た配列は、現在の基本構造を、あいまいにするほどではないが、変化させる。歴史の効用のひとつは、過去の方が現在よりはるかに明快な

＊23　古代ギリシャの建築家。前五世紀後半にアテネで活動した。パルテノン神殿の設計者のひとりとして知られる。

教訓を含んでいることである。現在の状況は複雑に入り組んでいるだけなのであって、はるか遠い過去においては理想的に明快な事例が見つかることも往々にしてある。

紀元前六世紀の終わりの数十年間におけるアテネの壺絵は、小規模かつ全体が見渡せるという条件において、同時に並立して存在した形の集合の明瞭な例を提供してくれる。明るい下地の上に、黒い切り紙の影絵のように描かれた黒像式陶画様式は、数世代にわたって流行した。この様式は、再現技術におけるシリーズ全体の進歩を可能にし、常に調和のとれた興味深い空白による図と地の装飾的統合をもたらした。しかしこの技法は画家の表現的な資質を抑制しもした。ベタ塗りの黒い図柄は、画家が身振りや表情を描き出すのを阻んだのだった。それは線で囲われたなかよりむしろその線図の輪郭、そしてその外部へと彼らの興味を向かせたのである。

紀元前五二〇年から五〇〇年ごろ、黒像式陶画様式は、作者が図画の可能性を探求するうちに、私たちが「後期」と呼ぶ段階に至った。それと同時に根本的な技法の変化が導入され、新しい形の集合が姿を現した。線の囲いのなかを陶器の下地色にし、一方で周囲の地を黒く塗るという単純な手法によって、図と地の関係は反転された。この新しい赤像式陶画様式によって、画家たちは以前より豊かな線描を用いて身振りや表情を描き出せるようになった。しかし図を優勢にしたことが以前の装飾的重要性を地から奪い、旧来の図と地の調和のとれた関係は破壊されてしまった。この革新は新しいシリーズの幕を開いた。つまり後期黒像式陶画様式が消えたあとに、赤像式陶画様式の初期から後期の様式が順に続いたのであった。

ひとつの壺に両方の様式で情景が描かれた八〇から九〇個の壺がアテネに残されている。それらのなかには、まったく同じ場面を同じ壺の両面に描いたものもある。たとえばアンドキデスの画家[*24]が同じ壺に黒像式陶画様式と赤像式陶画様式によってヘラクレスと雄牛を描いた例などがあり、それはあたかも古い様式と新しい様式の可能性を対比させているかのようである。これらの二形性(dimorphic)の壺(あるいはジョン・ビーズリーの言う「バイリンガル」の壺)は、ひとりの画家の仕事のなかに異なるふたつの形の体系が併存したことを示す珍しい古代の記録である。これらの壺は歴史のいつ、どんな瞬間においてもなされている芸術的決定の本質をはっきりと表している。それは慣習と革新の間、または使い古された定式と鮮烈な新しさの間、そして重なり合うふたつの形の集合の間で絶え間なく現れる重大な分かれ目なのである。

あるとき私は学生たちに提案して、無作為に選んだ黒像式陶画と赤像式陶画の壺絵を、初期と後期の形態的特徴によって配列させたことがある。彼らには技法や形といった壺絵自体以外のすべての特徴を無視するように指示しておき、一人

＊24　古代ギリシャの陶工、アンドキデスの工房にいた絵付師を指して言う。それまで主流だった黒像式は、図像の形に黒く塗りつぶし、乾燥後に尖筆で細部を描写した。対して「アンドキデスの画家」が考案した赤像式は、図像の輪郭を描き、その外側を黒く塗りつぶした。内側は筆の描線で描くことができ、より細かい表現を可能にした。しかし「アンドキデスの画家」の赤像式も完全なものではなく、部分的に黒像式と赤像式を使い分けた「バイリンガルの壺」が多くつくられた。

ひとり単独で取り組ませた。その結果は学生たちのどの一覧表を見ても、初期の黒像式陶画と初期の赤像式陶画のペアや、同じくそれらの後期と後期とのペアによる系統年代上の組み合わせで並べられていて、従来のような絶対的な時系列の年代による区別ではなかった。

以上のような並立するシリーズの他の例は、グアテマラ高地、カミナルフユにある三世紀の墳墓にも見ることができる。この墓でA・V・キダー[*25]は、すべて同じ形をした化粧漆喰を塗った多くの三足壺《さんそくこ》を見つけた。これと同類の三足壺で最もよく知られているものにメキシコ盆地、テオティワカンの三足壺があるが、そこまでは一〇〇〇マイル(約一六〇〇キロメートル)もの距離があった。これらの壺にはそれぞれに未焼成の自然の釉薬が塗られているが、まったく異なったふたつの様式で描かれていた。そのひとつは古典期マヤの初期であり、もうひとつはテオティワカン二期のものである。それらは、九世紀におけるビザンティンとアイルランドの写本彩飾の間ほど隔たったものなのである。カミナルフユは低地マヤ文明の辺境に位置し、テオティワカンの支配地域のなかでも僻地にあった。当時のマヤ族の陶器の伝承はメキシコに比べて遅れてはいたが、別の点では、特に占星と天文学の文書を見れば、マヤはメキシコの同時代人よりもはるかに複雑な知識を習得していたことがわかる。カミナルフユの陶芸家たちはマヤ族の買い手との商売用の彩色壺を供給していた。つまり彼らは地元の様式と取引用の様式

＊25 アルフレッド・ヴィンセント・キダー(Alfred Vincent Kidder／一八八五～一九六三)。アメリカの考古学者。アメリカ南西部やカミナルフユを含む中央アメリカの遺跡を発掘調査した。年代や文化の区分に対して、初めて学術的で体系的な方法を導入した。

のふたつを同時に用いていたのであった。

端的に言うと、我々が出来事の年代をより正確に知れば知るほど、並立して存在する事象が、異なる系統年代を持っていたことがますます明白になる。結論として、現在の状態とは、あらゆるところで複数の傾向が、それぞれの価値ある目的のために競合的要素が、併存しているものなのである。その考古学的記録がいかに均質的に描かれていたとしても、そこから連なる現在が一様であったためしはない。この意味において、私たちが日々を送っている現在とは、異なった系統年代を背景にした諸観念を表した事物たちがぶつかり合って、未来の位置を獲得するために争っている場なのである。したがってこの現在の瞬間も、逆に最も無表情な考古学的な記録に移植されてしまうこともありうる。一方で、陶器のかけらは、その一つひとつがかつてあった衝突を無言のうちに証拠立ててくれている。素材の断片はそれぞれに、その失われた原因を思い起こさせるのである。そこに記憶されていることは唯一、その素材が並んで存在していたシークエンスのなかから首尾よく生き残ったものなのである。

並立して存在する集合を地形図のように表すとすると、そこは、自己決定しうるグループと導かれたグループのふたつに分かれることになる。導かれたシークエンスは明らかに過去の型に依存する。したがって、リバイバルやルネサンスから派生した様式や、その他すべての原型あるいは伝統に縛られた行為形式は、導かれたシークエンスである。

自己決定しうるシークエンスは、導かれたシークエンスよりもかなり数が少なく、発見することもより困難である。初期キリスト教美術は過去の異教徒の伝統を意図的に拒絶してきた。今に残存したその時代の異教徒の遺物は、戦略的または無意識的に残されたものである。しかしそのあと、初期キリスト教建築の類型が意識的に復興して次々と建立されるようになり、最終的にその伝統を確立するに至って、キリスト教のシークエンスは急に規範に縛られるようになった［原注13］。

これらの導かれたシークエンスと自己決定しうるシークエンスという用語は、伝統と反抗という対概念の、単なる同義語以上のものである。伝統と反抗という語では、周期的なシークエンスが示唆されてしまい、反抗は循環運動の形で伝統とつなげられてしまう。つまり、反抗は伝統になり、その伝統がはじけて反抗する分派を生み出すといった循環が繰り返される。本書での用語は、このような循環の必然性を意味してしまわないように選んだものなのである。

それゆえに、自己決定的な運動は必然的に短命となり、そして導かれる運動の方が、通常は歴史の実体を形成する。一般的に、自己決定しうる集合は初期キリスト教美術のようにそれ自体が過去に積み重ねた勝利によって、導かれる集合に変質するとき、あるいは、それらが何か他のシリーズに現実の活動場所を明け渡すときに終わりを迎える。したがっていかなる現在の瞬間も、主として導かれた一連のシリーズから成り立っていて、それぞれは反体制的な側にある自己決定的な運動から異議を申し立てられている。これら反体制的な運動は、その主張が既成の伝統のなかに練り込まれていくにつれて、あるいは、それ自身が新しい行動を導く伝統になっていくにつれて、次第に鎮まっていくのである。

レンズ対持続の束

構造研究（六三頁参照）の支持者から問いかけられた疑問には、このように答えることができるだろう。文化の役割は求心的であるか拡散的であるかのいずれかだという彼らの考えを当たり前のように受け取る必要はない。彼らにとって文化とは凸レンズのようなもので、そのパターンの古さによってそのレンズの厚みが変化すると考えているらしい。私たちは、そう考える代わりに、時間の流れを繊維の束と想定することができる（八一頁参照）。それぞれの繊維は、活動のための特定の場として必要に応え、繊維の長さは必要とその問題に対する解決の持続に応じてさまざまである。したがって、文化の束は、出来事という繊維状のさまざまな長さの期間で構成される。その長さはたいてい長いのだが、短いものも多数ある。それらはほとんど偶然によって並べられ、意識的な将来への展望や緻密な計画によって並べられることはめったにないのである。

〔原注〕

2 J・H・J・ファン・デル・ポット『歴史の時代区分、理論の概要』（デン・ハーグ、一九五一年／J. H. J. van der Pot, *De periodisering der geschiedenis, Een overzicht der theorieën* (Den Haag, 1951)）

3 M・S・ソリア『スルバランの絵』（ニューヨーク、一九五三年、たとえば図七八、一四四、一四五参照／M. S. Soria, *The Paintings of Zurbaran* (New York, 1953), e.g. Nos. 78, 144, 145）

4 カール・レーマン＝ハルトレーベン「大フィロストラトゥスのイマギネス」（『アート・ブレティン』二三、一九四一年、一六〜四四／K. Lehmann-Hartleben, "The Imagines of the Elder Philostratus," *Art Bulletin*, 23 (1941), 16–44）、アントン・バウムシュタルク「西方世界の鏡に反映された初期キリスト教・パレスティナの図像構成」（『ビザンティン研究雑誌』二〇、一九一一年、一七七頁以下／A. Baumstark, "Frühchristliche-Palästinische Bildkompositionen in abendländischer Spiegelung," *Byzantinische Zeitschrift*, 20 (1911), 177 ff）

5 N. Pevsner, *An Outline of European Architecture* (Baltimore, 6th ed., 1960), pp. 47–48. ここにはスペインにおける四角のらせん階段についての記載がある。（ニコラウス・ペヴスナー『ヨーロッパ建築序説』小林文次訳、彰国社、一九五四年／小林文次・山口廣・竹本碧訳、一九八九年）

6 H. Focillon, *L'An mil* (Paris, 1952)（アンリ・フォシヨン『至福千年』神沢栄三訳、みすず書房、一九七一年）

7 ジェーン・リチャードソン、A・L・クローバー「三世紀間の女性ドレスファッションを定量分析する」（『アンスロポロジカル・レコーズ』五、一九四〇年、二号、カリフォルニア大学／Jane Richardson and A. L. Kroeber, "Three Centuries of Women's Dress Fashions. A Quantitative Analysis," *Anthropological Records*, 5 (1940), No. 2 (Univ. of California))。「服装の様式は不安定なものであるが、その状況は、社会政治的な条件によって決定されるものではない。それはファッションそれ自体のまとまりのなかにあるものによっている。それはファッションの構造に内在している何かなのである」。のちにクローバー教授は、『様式と文明』（イサカ、一九五七年／A. Kroeber, *Style and Civilization*, Ithaca, 1957／アルフレッド・クローバー『様式と文明』堤彪、山本証訳、創文社、一九八三年）のなかでも再び内在性のテーマに立ち返っている。彼はそこで、文化が異なっていても互いに対応する局面では、互いに無関係に類似性が生じることを指摘して、その現象（たとえば雪舟（一四一九～一五〇六）の絵画に見られる日本の「印象主義」）が次のようなものであると記している（一四三頁）。すなわち、彼によるとそれは「発展や成長の体系に内在したものであって（中略）よちよち歩きが幼年期の機能であり、騒々しさが思春期のものであり、腰が曲がるのは加齢によるのと同じことなのである」。とは言え、彼の結論は次のとおりである。「内在する力が働くという前提は、とっておきの最後の頼みの綱として残しておく方がよい。（中略）実際にありがちなのは、その内在性が二次的であったり、見せかけだったりすることの方である。つまり、内部から生じる文化的傾向には、その強度に多様性が生じてしまう。そこには外部からの力が作用するので、その結果として、内的傾向の強度の差が次第に拡大してしまうのである」（一五九頁）。

8　スペインのアルタミラとフランスのラスコーで最近行われた放射性炭素による年代測定は、もしかするとふたつの洞窟画の系統が四半世紀の範囲内にある同時代のものであるかもしれないことを示している（アルタミラの炭やマドレーヌ第三紀貝塚における堆積物は、紀元前一万三五四〇年プラスマイナス七〇〇年を、洞窟の裂溝底部からのラスコーの炭は、紀元前一万三五六六年プラスマイナス九〇〇年を示している)。H・ムヴィアス「中央および西ヨーロッパにおける放射性炭素年代測定と後期旧石器時代の考古学」(『今日の人類学』一、一九六〇年、三七〇〜七二/H. Movius, "Radiocarbon Dates and Upper Palaeolithic Archaeology in Central and Western Europe," *Current Anthropology*, 1 (1960), 370–72)。もちろん誤差を勘案すると、測定された材料の年代に一六〇〇年以上の違いがある可能性もある。

9 このインディクティオという単位は経験から導かれたものである。これは、W・ピンダーの『世代の問題』(一九二八年/W. Pinder, *Das Problem der Generationen*, 1928)のように、生まれ年によって人間の世代を分けるという非合理的手法から導かれたものではない。また、それが、H・ペールの『文学の世代』(パリ、一九四八年/H. Peyre, *Les Générations littéraires*, Paris, 1948)が一四九〇年から一九四〇年までのヨーロッパ文学について示したような一五年ごとに平均した世代についての一覧と類似しているのは、偶然である。ペールの観察によれば、作品がそれを望んだ場合にはときおり一〇年という短い世代が出現することもある。つまり、言い換えるなら、それこそ私が主張していることであるが、独立して変化するのは世代ではなく世代がつくるべき作品である。ここでペールは以下のように簡潔に述べている(一七六頁)。「痩せた時代、ないしは輪郭のぼやけた時代というものがある。(中略)逆に、人が強烈に生きすぎる時代や、情念を焼き焦がし発想を使い果たして人々が熱狂によって疲れ果ててしまう時代もある」。また、フランスにおける他の一五年間隔の時代区分として、以下の文献に示されたものもある。J・L・G・スーラヴィ『ルイ一四世、ルイ一五世およびルイ一六世統治下の未発表作品について』(パリ、一八〇九年/J. L. G.

Soulavie, *Pièces inédites sur les règnes de Louis XIV, Louis XV et Louis XVI* (Paris, 1809)、L・ベンロウ『歴史の法則』（パリ、一八八一年／L. Benlow, *Les Lois de l'histoire* (Paris, 1881)。ここでは、一五〇〇年から一八〇〇年の間の一五年ごとに平均された「進化」が読み取られている。

10　この区分を提起するにあたって、私は以下の文献における厳密な観察を念頭に置いている。R・M・マイヤー「科学的時代区分づくりの原則」（『オイフォリオン』八、一九〇一年、一～四二／R. M. Meyer, "Principien der wissenschaftlichen Periodenbildung," *Euphorion*, 8 (1901), 1–42)。マイヤーはそのなかで、歴史の区分は必然でも自明でもないと主張している。すなわち、彼によれば、発展はすべて連続的である。また時代区分考証は、特に時代区分の割合や数字の割り切りの美しさを追求する点で、まさに美的考察にもとづいた便宜的なものにすぎないということになる。

　ファン・デル・ポットは以下の文献のなかで「互いに関連した時代の持続の正しい割合やその数量を公式化することは不可能である」と述べて、マイヤーの主張に同意している。ファン・デル・ポット前掲『歴史の時代区分』（デン・ハーグ、一九五一年／J. H. J. van der Pot, *De periodisering der geschiedenis* (Den Haag, 1951))。彼はまた、「歴史学の本質的な部分を構成する」時代区分についての考証は、（「歴史法則」などには則っていない）個別的なものであり文化に内在したものであるべきであって、文化の外から働きかけるような「地理学的、生物学的必然性、あるいは人間の身体的資質」から生まれるものであってはならないと主張している。

11　文明終末論は、根深く残る主題である。以下を参照。W・H・R・リヴァース『エドヴァルト・ヴェステルマルクへ捧げる記念論文』（ヘルシンキ、一九一二年、一〇九～三〇頁／W. H. R. Rivers, *Festskrift tillegnad Edvard Westermarck* (Helsinki, 1912), pp. 109–30)。あるいは次の私のエッセイ「植民地化によるプレコロンビア美術モチーフの絶滅について」（『S・K・ロスロップに捧げるプレコロンビア美術と考古学のエッセイ』マサチューセッツ州ケンブリッジ、一九六一年／"On the Colonial Extinction of the Motifs of Pre-Columbian Art," *Essays in Pre-Columbian Art and Archaeology for S. K. Lothrop* (Cambridge, Mass., 1961)）、「文化の死を問う」（『文化成長の構造』バークレー、一九四四年、八一八〜二五頁／"The Question of Cultural Death" in *Configurations of Cultural Growth* (Berkeley, 1944), pp. 818–25）でのA・L・クローバーの注釈を参照。

12 ロバート・ロペス、「不景気な時と文化への投資」（『ザ・ルネサンス——あるシンポジウム』ニューヨーク、一九五二年／Robert Lopez, "Hard Times and the Investment in Culture," *The Renaissance: A Symposium* (New York, 1952)）

13 R・クラウトハイマー「初期キリスト教建築のカロリング朝リバイバル」（『アート・ブレティン』二四、一九四二年、一〜三八／R. Krautheimer, "The Carolingian Revival of Early Christian Architecture," *Art Bulletin*, 24 (1942), 1–38）参照。またアーウィン・パノフスキーは、"Renaissance and Renascences" (Stockholm, 1960)（アーウィン・パノフスキー『ルネサンスの春』中森義宗、清水忠訳、思索社、一九七三年）において、初期キリスト教美術における自己決定しうるシークエンスが、古代復興へと導かれたシークエンスに徐々に置き換わる後期の状態を指摘している。

結論

ウィトルウィウスや大プリニウス[*1]の業績までを含めれば、系統的な原理にもとづく美術の歴史的研究が始まったのはおよそ二千年前ということになる。これまでに蓄積された知識は、いかなる個人の作業量をもはるかに凌いでしまっているので、誰もその細部までを網羅することはできない。また、多数の重要な芸術家が発見されずに埋もれたままということも、もうありそうにない。もちろん、それぞれの世代は、過去の美術のなかで同時代の関心を引きつける部分だけを再評価してきた。しかしそうしたところで、なじみのカテゴリーのなかからは傑出した芸術家を発見することはなかった。世代ごとに、自分たちのための新しいカタログにもとづいた芸術上の珍奇なタイプを見つけ出すにすぎなかったのである。結局、レンブラントやゴヤの水準に匹敵するような未知の画家を発見することなど、ありそうにない。それに比べれば、私たちが数多くの職人たちの優秀さに、ある日突然気づく可能性の方がはるかに高い。彼らの仕事は最近になってようやく芸術として受け入れられるようになってきた。たとえば、西洋における最近のアクション・ペインティングが、九世紀以来続く中国絵画の伝統と類似していたことで、その伝統絵画の再評価につながった。西洋世界はその伝統のことを、つい最近までまったく気がついていなかったのである。

*1　ガイウス・プリニウス・セクンドゥス（Gaius Plinius Secundus／二三ごろ～七九）。帝政期ローマの博物学者、政治家、軍人。当時の知識を編纂した百科全書『博物誌（Gaius Plinius Secundus, *Naturalis historia*）』（三七巻、七七年）を著した。一般には甥で養子のガイウス・プリニウス・カエキリウス・セクンドゥス（小プリニウス）と区別して大プリニウスと呼ばれる。

発明の有限性

美術における根本的な革新は、百年前から私たちが期待してきたような頻度では、もはや続けて現れないかもしれない。というのは、人間社会における形と意味の可能性のすべてが完成された全体像が、すでに過去のどこかでおおむね描き出されているだろうからである。私たちや私たちの子孫は、古代から伝わった不完全な形の類を、そのときどきの必要に応じて再活性化させているだけなのかもしれない。

実際、事物についての私たちの知覚はひとつの回路なのであり、同時に多種多様な新しい感覚情報を受け入れることができない。人間の知覚は習慣的行動をゆっくりと修正してゆくことに最も適しているので、斬新な発明はいつも知覚の入口のところで足止めされてしまう。メッセージの重要性や受け手側の必要性に比べて、人間の知覚ははるかに流量の限られた狭き門なのである。では私たちはどのようにして、その門の交通渋滞を減らすことができるのだろうか。

純粋主義者による知識の削減

古くからある解答のひとつは、捨て分を増やすことによって、門から流入するメッセージの量そのものを減らすことであった。これは一九二〇年から一九四〇年までのふたつの大戦の間にも、ヨーロッパとアメリカで試みられた。そのとき拒絶されたのは、歴史であった。純粋で単純な経験だけを受け入れることによって流入量を減らせるだろうと、彼らは考えたのである。

このような純粋主義は歴史を拒絶し、そして物質や感情や思考を想像上の原初の形に回帰させることによってのみ可能である。純粋主義は歴史を通じて続いたひとつの家系に属している。中世の最盛期におけるシトー修道会の建築家もその成員であり、一七世紀ニューイングランドの職人たち、そして二〇世紀の機能主義の開拓者たちもまた同様である。このように続く家系のなかで、ヴァルター・グロピウスのような人々が、彼ら純粋主義者の古くからの使命を引き継いだのである。彼らは手に触れたすべてを、何ら過去の慣例に従っていないと思われる禁欲的な形式で発明し直そうと努めた。しかしこの任務を完遂することは常に不可能である。社会のすべてに対して、この純粋主義の任務を遂行しようとしても、それは事物のシリーズの規則にもとづいた持続の性質に逆らうために、ついには頓挫してしまう。歴史を拒絶することによって、純粋主義者は事物の豊潤さをも否定してしまう。知覚の門における交通量を制限することで、純粋主義者は現実にある持続を否定してしまうのである。

門を広げる

もっと一般的な戦略もある。それは、より多くのメッセージが通れるように門を広げることである。門の大きさは、私たちの知覚の方法によって制約を受ける。そして私たちの知覚の方法は、美術の歴史を通してみてきたように、芸術家たちが考え抜いてくれた持続的な認識方法によって、繰り返し広げてゆくことができるのである。これに加えて、さらにもうひとつの戦略は、情報の冗長性を排除し、より有用な情報がたくさん流れるようにメッセージをコード化することである。つまり様式や集合によって事物を分類すれば、冗長性は減少する。しかし、そのためには表現の幅を犠牲にしなくてはならない。

これらふたつの方法において、美術の歴史は巨大な採鉱活動に似てくる。そこには無数の立て坑が打たれているが、そのほとんどはずいぶん前に閉鎖されてしまった。そこで芸術家たちは、鉱脈の暗闇のなかでそれぞれ先行した芸術家の掘り進めた成果である坑道や立て坑だけを頼りに、鉱脈に沿って、大当たりを夢見て、あるいは逆にそれが明日にでも尽きてしまうかもしれないことを恐れながら、手探りで進んでいく。そこはまた、尽きた鉱脈から掘り出された選鉱屑の堆積場でもある。かたわらでは別の試掘者たちがそれを選り分けている。かつて廃棄されたけれども今日では金塊以上に高く評価される稀少な成分の痕跡を回収するためである。またあちらこちらで新しい鉱脈探しが始まる。しかし地層の状態が大きく変化してしまっているので、無価値になるとも限らない新しい土類を抽出するためには、古い知識はほとんど役に立たない。

この採掘現場に、労働者たるすべての主要な作家を記録するためには伝記的歴史が不可欠であるばかりか、それだけで適切かつ十分であると言わんばかりに研究者の一群が乗り込んできた。しかしながら伝記的要約は、その主鉱脈についての正確な記述にはならないし、ましてやこの膨大な資源の起源やその分布の説明にもならない。というのも、芸術家の伝記が私たちに伝えることは、どのように、そしてなぜその鉱脈が、ある独特な方法で利用されたかといったことのみであり、その鉱脈がいったい何であるのか、どのようにそこに形成されたかといったことは教えてくれないからである。

技術的、形式的、表現的な基本をなす組み合わせのすべては、おそらくどこかでおおよその目星をつけられてしまっている。それは考えられる色彩すべてを表示する色立体モデルのように、美術における資源の完全なダイアグラムを描くことを可能にしている。そのダイアグラムのなかには、他に比べてより正確に知られている部分もあれば、まだ素描程度にとどまっているか、推論によってのみ感知されているにすぎない場所もある。このような考え方を示す論考が、絵画の理論的な極限を探査しようと試みたルネ・ユイグの『見えるものとの対話[*2]（René Huyghe, *Dialogue avec le visible*, 1955）』、あるいはすべての芸術間の境界線を画定しようとしたパウル・フランクルの『芸術学の体系（Paul Frankl, *System der Kunstwissenschaft*, 1938）』である。

限界のある世界

この仮説が実証されるなら、それは、美術の歴史についての私たちの概念に根本的な影響を与えることになるだろう。私たちは、楽天的で未熟な現代の芸術家たちが主張するような、拡大し続ける形の宇宙にいるわけではない。むしろ私たちは、人間が定住する以前の極地の荒野のように未探査の領域が広がり、まだ冒険や発見に開かれているとしても、実際には可能性の限られた、限界のある世界に住んでいると考えた方がよい。

人間によってすでに発見された部分の比率を未発見の部分より大きく評価するとしたら、過去にとっての未来のあり方は根本的に変わるだろう。これまでのように過去はちっぽけで未来は天文学的に大きいと考える代わりに、私たちは限られた変化の可能性のなかで、過去が未来への手がかりとしてすでにつくり出した類型によって、未来を思い描くようになる。事物の歴史は今後の有益な発明の戦略としての重みを増していくだろう。

＊2　中山公男、高階秀爾訳、美術出版社、一九六二年

形と表現の等価性

私たちが過去の形の痕跡を求めて事物を入念に調べるとき、そのいずれもが注意を払うに値する。この結論は、事物だけが過去のことを私たちに教えてくれるということを認めればすぐに自明なものとなるはずなのだが、研究の専門化が進んでいる現状では、いまだに無視され続けている。考古学研究や科学史は技術的産物としてだけ事物と関与する。一方で、美術史は、事物の技術的、形態的構成に大した注意を払うことなく、もっぱら事物の意味についてだけ議論するように矮小化されてしまった。私たちの世代の任務は、意味と実体、計画とその実現、あるいは図式と事物との双方を正当に評価することのできる事物の歴史をきちんと構築することである。この目標は、意味と実体の間の、よく知られたディレンマ状況を引き起こす。しかし私たちは、ある事物が持つ意味が、その事物が何かということほどには重要ではないということを、少しずつではあるが全体としてもう一度了解しつつある。事物に込められた表現内容と形態はともに歴史家にとって研究の対象となる。また、意味と実体のいずれか、つまり本質的存在と現実的存在のいずれか一方をなおざりにしてしまえば、私たちは、その両方ともを歪んだ形でしか理解できなくなってしまう。

意味の探究と形態の探究に費やされた手続きを再検討してみれば明らかになったように、それらの正確さの向上と範囲の拡大は驚くべきものである。しかしながら、人物と作品の総括的目録はほとんど完成してしまい、その成果の伸びしろは次第になくなりつつある。制作年代と作者を正確に決定する技術とは、作品の影響範囲とその真正性を測る方法である。しかしこの方法は世代が変わってもすでにほとんど変わることがない。二〇世紀になって新しく登場してきたのは意味の歴史的研究（イコノロジー）と形態学の概念だけなのである。

イコノロジーによる削減

博学で洞察力のあるイコノロジー研究者たちは、数千年にわたる人文学的主題の潮流の見取り図を描こうとしてきた。彼らは、これらの主題には、それぞれの時代ごとに、独自の脚色や省略、あるいは変容が加えられてきたことを発見することで、万人を魅了してきた。このような研究が蓄積されていくにつれて、それらは多数の著者によって執筆された一冊の本の各章のようになっていった。それぞれの章は人文学的伝統の各部分を論じているわけだが、実はそのすべての部分は古代から連綿と継続してきた要素である。意味の研究者たちの間では、断絶ではなく連続が価値判断の基準になるのである。

イコノロジーにおいては言葉がイメージに先行する。イコノロジー研究者にとって、どのようなテクストでも説明できないイメージは、イメージを伴わないテクストよりも扱いにくいものである。今日のイコノロジーは、絵画の題名を用いて配列された文学的主題の目録にすぎない。イコノロジーによる分析が、視覚的な助けのあるテクストを選びがちで、それを展開することに依拠していることは見過ごされている。実は、この方法は、関連性を忘れ去られたイメージが、程度の差こそあれ、そのイメージが直接図解していたもともとのテクストと再び関連づけられることが可能な場合に最も都合のよい結果をもたらしてくれるのである。一方で文字がない地域、たとえば無文字文化だった古代アメリカのモチェ文化やナスカ文化の人々からは、イメージについて私たちの知識を拡大してくれるような記述が見つかることはない。私たちは、その地域のイメージに与えられた慣習的な意味を扱うことについては、あきらめざるをえない。イメージを還元したり変換しようにも、同じ時代の言葉の基準がないからである。

テクストが存在するところであれば、イコノロジー研究者は事物の持つ豊潤さを、言語システムに従って図式化するまでにそぎ落としていく。頻繁な繰り返しや変化はむしろその主題の重要さを物語るものであり、それが中世という障壁を生き抜いたものであればなおさら、ということになる。このようにして具体的事例や実例は、テクストが示唆する数種類しかない言葉の鋳型のなかへとこぼれ落ちてしまう。それに相応じて、事例や実例の実質は、事物そのものの豊かさから、意味だけしか残らないところまで削減されてしまう。

他方で、形態上の組織とその知覚に基づく学問である形態学は、今や流行遅れの単なるフォルマリスムとして、テクストとその意味を熱心に探索する捜索者たちにより切り捨てられてしまった。つまりイコノロジー研究者と形態学者に共通した図式的歪曲のおかげで、双方にその限界が生じているのである。イコノロジー研究者が事物を意味の骨格にまで還元してしまうのだとすると、形態学者は、使えば使うほど意味が薄まってしまう抽象的言い回しや概念の流れに事物をどっぷりと漬けてしまっている。

様式に欠けているもの

数あるなかからひとつ、「バロック様式」という言い回しを選んでみよう。一七世紀ローマ美術の研究を起点とするこの語は、今では、一六〇〇年から一八〇〇年までのあらゆるヨーロッパの美術、文学、音楽に対して一般的に用いられている。しかしこの用語自体は、形や時代を説明するものではまったくない。それはもともと「バロコ（baroco）」であり、一三世紀に記憶術の用語として、のちの教皇ヨハネス二一世、ペトルス・ヒスパヌスが造語したものであり、論理学の学習者が第二種三段論法の第四式*3を記述するための言葉であった［原注1］。実際、

＊3　三段論法は一般に大前提、小前提、結論の三つの命題によって構成される推論形式だが、それぞれの命題の種類とその組み合わせにより、いくつもの種類に分類される。

一七世紀の「バロック様式」の美術について話すとき、私たちは当時の逸脱的な諸事例や、対立的系統の形式には自然と目を向けなくなってしまう。つまり私たちは、たいていの地域にあるはずの、バロック様式以外のものを検討することや、同じ形式について都市と地方における表現の漸次的な変化を積極的には論じなくなってしまった。そのおっくうさは、同時代の同一地域に存在していた複数の異なった様式を扱うところで同様に蔓延している。バロック様式の実際を見ると、ローマにおけるバロック建築と、ヨーロッパやアメリカに散在するその派生物は、襞状の被膜構造を想起させる曲面をその建築的特徴としており、これらの形は内側と外側双方にかかる圧力の変化を表現している。しかしヨーロッパの他の場所、特にスペインやフランス、北ヨーロッパの国々では、これとは違う構成の方法が優勢だった。直線系とも非襞系とも呼ぶべきそれは、上昇する局面のみを強調した。このように、一七世紀の建築家たちは、曲面系か直線系かの伝統の、どちらかひとつに結びついた。したがって、その両方をバロックと呼ぶのは紛らわしいことなのである。

実際、様式の名称は、誤用と無理解による濫用が膨れ上がったあとに、初めて一般に用いられるようになる。一九〇八年にオットー・シューベルトは彼の著書『スペイン・バロックの歴史（Otto Schubert, *Geschichte des Barock in Spanien*, 1908）』のなかで、すでにこのイタリア語の用語をスペインの形式に当てはめて拡張していた。ここで語られている「歴史上重要な様式」は、今では事物それ自体よりも、むしろそれをめぐる信念を強要する。結果として「スペイン・バロック」は、一六〇〇年から一七〇〇年までのイタリアとスペインの建築に共通する人物と特徴がきわめてわずかしかなかったという容易に確かめられる事実があったにもかかわらず、それを上回る決めつけの形式的語句の羅列になってしまったのである。直接にスペインの美術を研究しさえすれば、こういった一般化は防げる。たとえば、一六〇〇年から一八〇〇年までのどの時点においても、バレンシアとサンティアゴ・デ・コンポステーラの建築の間に密接な関係を見出すことは難しい。なぜなら、この二都市に接触はなく、バレンシアがナポリ、リグリア、ローヌ渓谷とつながっていた一方で、ガリシア地方はポルトガルやネーデルラント地方と主に関係していたからである。

複数形の現在

すべての事物は時とともに変化し、場所によっても変化する。私たちには、様式概念が想定するような不変の特質にもとづいて、どこかに事物をとどめおくことはできない。たとえ事物をその時空的位置づけから切り離したとしても、事物を固定することはできない。しかし事物における持続とその位置づけを視野に入れると、私たちは、生きた歴史のなかに、移行する関係、過ぎゆく瞬間、変わりゆく場所を見出すことができる。そのとき様式のような仮設的な次元の連続性は、どんなものであれ、私たちがそれを見出そうとしても視界から消えてしまうのだ。

様式とは虹のようなものである。それは、特定の物理的条件の偶然の重なり合いに支配される知覚の現象なのだ。晴れと雨の合間にほんの少しの間見えるだけで、その虹があったと思しき場所に私たちが着いたときにはそれは消えてしまう。たとえば、ひとりの画家の作品において私たちがそれをつかまえたかと思うと、それはいつも画家の先駆者や後継者による遠くの作品群の背景へ溶け込んでしまう。それはひとりの画家が単独で描いた作品においてさえ同様である。だから逆に、その人物のいかなる一枚の絵であれ、その画家の青年期と老年期、ひいてはその人物の師や弟子たちの作品をも見透かすような、潜在力ある化石となる。さて、今どちらが確実なものだろうか。物理的存在として完全に孤立している作品だろうか。それとも、その作品に連なる既知の場所を順々にたどらせてくれる一連の作品群だろうか。様式は、静止している実体の集合に適している。ひとたび時の流れに還されてしまえば、それは消え失せてしまう。

事物の歴史的研究が提起した問題全体に対峙できるのは、伝記でもなく様式概念でもなく、繰り返すが意味の分析でもない。私たちの最も重要な目的は、主だった出来事を秩序立てて並べるための、これまでとは別の方法を示唆することであった。あまりに多くの関係性を包含してしまう様式という考えに代えて、本書では発端となる作品（prime works）にその模倣物（replications）がつながってゆく連続のあらましを述べた。発端となる事物やその派生物のすべては、同じ種類の活動の、初期だとわかる形態や後期だとわかる形態として、時のなかに送り出されてきたのである。

［原注］

1　ペトルス・ヒスパヌス『論理学小大全』（J・M・ボヘンスキー編、ローマ、一九四七年／Petrus Hispanus, *Summulae logicales*, ed. J. M. Bochenski (Roma, 1947)）

訳者あとがき

本書はG. Kubler, *The Shape of Time: Remarks on the History of Things*, Yale University Press, 1962 の全訳である。

本書の翻訳期間はおよそ三つに分かれる。

第一期は二〇〇〇年から二〇〇三年までで、中谷礼仁が当時所属していた大阪市立大学建築学科の研究室所属の学生と向学のために行った。また同大学生活科学部の中嶋節子と所属学生、そして翻訳家の大島哲蔵（二〇〇二年に急逝）周辺の参加を得た。さらに同書の存在を中谷に紹介した造形作家の岡崎乾二郎が主宰していた灰塚アースワークプロジェクト（広島）でのサマー・スクールでもそのドラフトを用いて勉強会を行い、クブラー独特の思考を検討した。

第二期は二〇〇四年から二〇〇五年までで、鈴木廣之元室長の勧めもあり東京文化財研究所による研究プロジェクトの一部として同翻訳の精訳を行った。第一期翻訳メンバーから、北浦千尋、菅正太郎、田中伸幸、中谷、和田圭子が引き続き参加した。さらに美学者の加藤哲弘の翻訳協力を得、加藤の確認を受けながら一通りの翻訳を終了した。

第三期は二〇一五年から二〇一八年までである。邦訳出版が可能となったため、中谷と田中が第二期の翻訳原稿を再検討した。田中が文法を重視した内容の確認作業を行い、中谷が邦文の慣例表現も意識した文案作成を行った。さらに加藤による再チェックを受けた。鹿島出版会の川嶋勝氏には第二期終了後の刊行へ向けての検討時から、常に協働作業にあった。関係各位に深く感謝する次第である。

二〇一八年六月

中谷礼仁

事 項 索 引

原つづりは原文にもとづく併記を原則とした。

人名索引

原つづりは原注にもとづく併記を原則とした。

［著者］
ジョージ・クブラー　George Kubler
美学者・考古学者。一九一二〜一九九六年。

［訳者］
中谷礼仁　Norihito Nakatani
建築史家、生環境構築史、早稲田大学教授。一九六五年生まれ。

田中伸幸　Nobuyuki Tanaka
プロダクトデザイナー、修成建設専門学校講師（田中おと吉名義）。一九六八年生まれ。

［翻訳協力者］
加藤哲弘　Tetsuhiro Kato
美学・美術史学史、関西学院大学教授。一九五三年生まれ。

［校正・校閲］酒井清一

SD選書270
時《とき》のかたち　事物《じぶつ》の歴史《れきし》をめぐって

二〇一八年八月二〇日　第一刷発行
二〇二一年一月二五日　第三刷発行

訳者　中谷礼仁《なかたにのりひと》、田中伸幸《たなかのぶゆき》
発行者　坪内文生
発行所　鹿島出版会
〒一〇四－〇〇二八　東京都中央区八重洲二－五－一四
電話〇三（六二〇二）五二〇〇
振替〇〇一六〇－二－一八〇八八三
印刷・製本　三美印刷

ISBN 978-4-306-05270-3 C1352

URL: http://www.kajima-publishing.co.jp
e-mail: info@kajima-publishing.co.jp

SD選書目録

四六判（＊＝品切）

001 現代デザイン入門　勝見勝著
002* 現代建築12章　L・カーン他著　山本学治訳編
003* 都市とデザイン　栗田勇著
004* 江戸と江戸城　内藤昌著
005 日本デザイン論　伊藤ていじ著
006* ギリシア神話と壺絵　沢柳大五郎著
007 フランク・ロイド・ライト　谷川正己著
008 きもの文化史　河鰭実英著
009 素材と造形の歴史　山本学治著
010* 今日の装飾芸術　ル・コルビュジエ著　前川国男訳
011 コミュニティとプライバシイ　C・アレグザンダー著　岡田新一訳
012* 新桂離宮論　内藤昌著
013 日本の工匠　伊藤ていじ著
014 現代絵画の解剖　木村重信著
015 ユルバニスム　ル・コルビュジエ著　樋口清訳
016* デザインと心理学　穐山貞登著
017 私と日本建築　A・レーモンド著　三沢浩訳
018* 現代建築を創る人々　神代雄一郎編
019 芸術空間の系譜　高階秀爾著
020 日本美の特質　吉村貞司著
021 建築をめざして　ル・コルビュジエ著　吉阪隆正訳
022* メガロポリス　J・ゴットマン著　木内信蔵訳
023 日本の庭園　田中正大著
024* 明日の演劇空間　尾崎宏次著
025 都市形成の歴史　A・コーン著　星野芳久訳
026* 近代絵画　A・オザンファン他著　吉川逸治訳
027 イタリアの美術　A・ブラント著　中森義宗訳
028* 明日の田園都市　E・ハワード著　長素連訳
029* 移動空間論　川添登著
030* 日本の近世住宅　平井聖著
031* 新しい都市交通　B・リチャーズ著　曽根幸一他訳
032* 人間環境の未来像　W・R・イーウォルド編　磯村英一他訳
033 輝く都市　ル・コルビュジエ著　坂倉準三訳
034 アルヴァ・アアルト　武藤章著
035* 幻想の建築　坂崎乙郎著
036* カテドラルを建てた人びと　J・ジャンペル著　飯田喜四郎訳
037 日本建築の空間　井上充夫著
038* 環境開発論　浅田孝著
039* 都市と娯楽　加藤秀俊著
040* 郊外都市論　H・カーヴァー著　志水英樹訳
041* 都市文明の源流と系譜　藤岡謙二郎著
042* 道具考　榮久庵憲司著
043 ヨーロッパの造園　岡崎文彬著
044* 未来の交通　H・ヘルマン著　岡寿麿訳
045* 古代技術　H・ディールス著　平田寛訳
046* キュビスムへの道　D・H・カーンワイラー著　千足伸行訳
047* 近代建築再考　藤井正一郎著
048* 古代科学　J・L・ハイベルク著　平田寛訳
049 住宅論　篠原一男著
050* ヨーロッパの住宅建築　S・カンタクシーノ著　山下和正訳
051* 都市の魅力　清水馨八郎、服部銈二郎著
052* 東照宮　大河直躬著
053 茶匠と建築　中村昌生著
054* 住居空間の人類学　石毛直道著
055* 空間の生命 人間と建築　坂崎乙郎著
056* 環境とデザイン　G・エクボ著　久保貞訳
057* 日本美の意匠　水尾比呂志著
058* 新しい都市の人間像　R・イールズ他編　木内信蔵監訳
059 京の町家　島村昇他編
060* 都市問題とは何か　R・パーノン著　片桐達夫訳
061 住まいの原型I　泉靖一編
062* コミュニティ計画の系譜　佐々木宏著
063* 近代建築　V・スカーリー著　長尾重武訳
064* SD海外建築情報I　岡田新一編
065* SD海外建築情報II　岡田新一編
066* 天上の館　J・サマーソン著　鈴木博之訳
067 木の文化　小原二郎著
068* SD海外建築情報III　岡田新一編
069* 地域・環境・計画　水谷穎介著
070* 都市虚構論　池田亮二著
071 現代建築事典　W・ペーント編　浜口隆一他日本語版監修
072* ヴィラール・ド・オヌクールの画帖　藤本康雄著
073* タウンスケープ　T・シャープ著　長素連他訳
074* 現代建築の源流と動向　L・ヒルベルザイマー著　渡辺明次訳
075* 部族社会の芸術家　M・W・スミス編　木村重信他訳
076 キモノ・マインド　B・ルドフスキー著　新庄哲夫訳
077 住まいの原型II　吉阪隆正他著
078 実存・空間・建築　C・ノルベルグ＝シュルツ著　加藤邦男訳
079* SD海外建築情報IV　岡田新一編
080* 都市の開発と保存　上田篤、鳴海邦碩編
081* 爆発するメトロポリス　W・H・ホワイトJr.他著　小島将志訳
082* アメリカの建築とアーバニズム（上）　V・スカーリー著　香山壽夫訳
083* アメリカの建築とアーバニズム（下）　V・スカーリー著　香山壽夫訳
084* 海上都市　菊竹清訓著
085* アーバン・ゲーム　M・ケンツレン著　北原理雄訳
086* 建築2000　C・ジェンクス著　工藤国雄訳
087* 日本の公園　田中正大著
088* 現代芸術の冒険　O・ビハリメリン著　坂崎乙郎他訳

089* 江戸建築と本途帳　西和夫著
090* 大きな都市小さな部屋　渡辺武信著
091* イギリス建築の新傾向　R・ランダウ著　鈴木博之訳
092* SD海外建築情報Ⅴ　岡田新一編
093* IDの世界　豊口協著
094* 交通圏の発見　有末武夫著
095 建築とは何か　B・タウト著　篠田英雄訳
096 続住宅論　篠原一男著
097* 建築の現在　長谷川堯著
098* 都市の景観　G・カレン著　北原理雄訳
099* SD海外建築情報Ⅵ　岡田新一編
100* 都市空間と建築　U・コンラーツ著　伊藤哲夫訳
101* 環境ゲーム　T・クロスビイ著　松平誠訳
102* アテネ憲章　ル・コルビュジエ著　吉阪隆正訳
103* プライド・オブ・プレイス　シヴィック・トラスト著　井手久登他訳
104* 構造と空間の感覚　F・ウイルソン著　山本学治他訳
105* 現代民家と住環境体　大野勝彦著
106* 光の死　H・ゼーデルマイヤ著　森洋子訳
107* アメリカ建築の新方向　R・スターン著　鈴木一訳
108* 近代都市計画の起源　L・ベネヴォロ著　横山正訳
109* 中国の住宅　劉敦槇著　田中淡他訳
110* 現代のコートハウス　D・マッキントッシュ著　北原理雄訳
111 モデュロールⅠ　ル・コルビュジエ著　吉阪隆正訳
112 モデュロールⅡ　ル・コルビュジエ著　吉阪隆正訳
113* 建築の史的原型を探る　B・ゼーヴィ著　鈴木美治訳
114 西欧の芸術1 ロマネスク上　H・フォシヨン著　神沢栄三他訳
115 西欧の芸術1 ロマネスク下　H・フォシヨン著　神沢栄三他訳
116 西欧の芸術2 ゴシック上　H・フォシヨン著　神沢栄三他訳
117 西欧の芸術2 ゴシック下　H・フォシヨン著　神沢栄三他訳
118* アメリカ大都市の死と生　J・ジェイコブズ著　黒川紀章訳
119* 遊び場の計画　R・ダットナー著　神谷五男他訳
120 人間の家　ル・コルビュジエ他著　西沢信弥訳

121* 街路の意味　竹山実著
122* パルテノンの建築家たち　R・カーペンター著　松島道也訳
123 ライトと日本　谷川正己著
124 空間としての建築(上)　B・ゼーヴィ著　栗田勇訳
125 空間としての建築(下)　B・ゼーヴィ著　栗田勇訳
126 かいわい[日本の都市空間]　材野博司著
127* 歩行者革命　S・プライネス他著　岡並木監訳
128 オレゴン大学の実験　C・アレグザンダー著　宮本雅明訳
129* 都市はふるさとか　F・レンツローマイス著　武基雄他訳
130* 建築空間[尺度について]　P・ブドン著　中村貴志訳
131* アメリカ住宅論　V・スカーリーJr.著　長尾重武訳
132* タリアセンへの道　谷川正己著
133* 建築VS.ハウジング　M・ポウリー著　山下和正訳
134* 思想としての建築　栗田勇著
135* 人間のための都市　P・ペーターズ著　河合正一訳
136* 都市憲章　磯村英一著
137* 巨匠たちの時代　R・バンハム著　山下泉訳
138 三つの人間機構　ル・コルビュジエ著　山口知之訳
139 インターナショナル・スタイル　H・R・ヒッチコック他著　武沢秀一訳
140 北欧の建築　S・E・ラスムッセン著　吉田鉄郎訳
141* 続建築とは何か　B・タウト著　篠田英雄訳
142* 四つの交通路　ル・コルビュジエ著　井田安弘訳
143 ラスベガス　R・ヴェンチューリ他著　石井和紘他訳
144 ル・コルビュジエ　C・ジェンクス著　佐々木宏訳
145* デザインの認識　R・ソマー著　加藤常雄訳
146* 鏡[虚構の空間]　由水常雄著
147 イタリア都市再生の論理　陣内秀信著
148 東方への旅　ル・コルビュジエ著　石井勉他訳
149* 建築鑑賞入門　W・W・コーディル他著　六鹿正治訳
150* 近代建築の失敗　P・ブレイク著　星野郁美訳
151* 文化財と建築史　関野克著
152* 日本の近代建築(上)その成立過程　稲垣栄三著

153* 日本の近代建築(下)その成立過程　稲垣栄三著
154 住宅と宮殿　ル・コルビュジエ著　井田安弘訳
155* イタリアの現代建築　V・グレゴッティ著　松井宏方訳
156 バウハウス[その建築造形理念]　杉本俊多著
157 エスプリ・ヌーヴォー[近代建築名鑑]　ル・コルビュジエ著　山口知之訳
158* 建築について(上)　F・L・ライト著　谷川睦子他訳
159* 建築について(下)　F・L・ライト著　谷川睦子他訳
160* 建築形態のダイナミクス(上)　R・アルンハイム著　乾正雄訳
161* 建築形態のダイナミクス(下)　R・アルンハイム著　乾正雄訳
162 見えがくれする都市　槇文彦他著
163* 街の景観　G・バーク著　長素連他訳
164* 環境計画論　田村明著
165* アドルフ・ロース　伊藤哲夫著
166* 空間と情緒　箱崎総一著
167 水空間の演出　鈴木信宏著
168* モラリティと建築　D・ワトキン著　榎本弘之訳
169* ペルシア建築　A・U・ポープ著　石井昭訳
170* ブルネッレスキ ルネサンス建築の開花　G・C・アルガン著　浅井朋子訳
171 装置としての都市　月尾嘉男著
172 建築家の発想　石井和紘著
173 日本の空間構造　吉村貞司著
174 建築の多様性と対立性　R・ヴェンチューリ著　伊藤公文訳
175 広場の造形　C・ジッテ著　大石敏雄訳
176 西洋建築様式史(上)　F・バウムガルト著　杉本俊多訳
177 西洋建築様式史(下)　F・バウムガルト著　杉本俊多訳
178 木のこころ 木匠回想記　G・ナカシマ著　神代雄一郎他訳
179* 風土に生きる建築　若山滋著
180* 金沢の町家　島村昇著
181* ジュゼッペ・テッラーニ　B・ゼーヴィ編　鵜沢隆訳
182* 水のデザイン　D・ベーミングハウス著　鈴木信宏訳
183* ゴシック建築の構造　R・マーク著　飯田喜四郎訳
184 建築家なしの建築　B・ルドフスキー著　渡辺武信訳

185 プレシジョン(上) ル・コルビュジエ著 井田安弘他訳
186 プレシジョン(下) ル・コルビュジエ著 井田安弘他訳
187* オットー・ワーグナー H・ゲレツェッガー他著 伊藤哲夫他訳
188* 環境照明のデザイン 石井幹子著
189 ルイス・マンフォード 木原武一著
190 「いえ」と「まち」 鈴木成文他著
191 アルド・ロッシ自伝 A・ロッシ著 三宅理一訳
192* 屋外彫刻 M・A・ロビネット著 千葉成夫訳
193 「作庭記」からみた造園 飛田範夫著
194* トーネット曲木家具 K・マンク著 宿輪吉之典訳
195 劇場の構図 清水裕之著
196 オーギュスト・ペレ 吉田鋼市著
197 アントニオ・ガウディ 鳥居徳敏著
198 インテリアデザインとは何か 三輪正弘著
199* 都市住居の空間構成 東孝光著
200 ヴェネツィア 陣内秀信著
201 自然な構造体 F・オットー著 岩村和夫訳
202 椅子のデザイン小史 大廣保行著
203* 都市の道具 GK研究所、榮久庵祥二著
204 ミース・ファン・デル・ローエ D・スペース著 平野哲行訳
205 表現主義の建築(上) W・ペーント著 長谷川章訳
206* 表現主義の建築(下) W・ペーント著 長谷川章訳
207 カルロ・スカルパ A・F・マルチャノ著 浜口オサミ訳
208* 都市の街割 材野博司著
209 日本の伝統工具 土田一郎著 秋山実写真
210 まちづくりの新しい理論 C・アレグザンダー他著 難波和彦監訳
211* 建築環境論 岩村和夫著
212* 建築計画の展開 W・M・ペニャ著 本田邦夫訳
213 スペイン建築の特質 F・チュエッカ著 鳥居徳敏訳
214* アメリカ建築の巨匠たち P・ブレイク他著 小林克弘他訳
215* 行動・文化とデザイン 清水忠男著
216 環境デザインの思想 三輪正弘著
217 ボッロミーニ G・C・アルガン著 長谷川正允訳
218 ヴィオレ・ル・デュク 羽生修二著
219 トニー・ガルニエ 吉田鋼市著
220 住環境の都市形態 P・パヌレ他著 佐藤方俊訳
221 古典建築の失われた意味 G・ハーシー著 白井秀和訳
222 パラディオへの招待 長尾重武著
223* ディスプレイデザイン 魚成祥一郎監修 清家清序文
224 芸術としての建築 S・アバークロンビー著 白井秀和訳
225 フラクタル造形 三井秀樹著
226 ウイリアム・モリス 藤田治彦著
227 エーロ・サーリネン 穂積信夫著
228 都市デザインの系譜 相田武文、土屋和男著
229 サウンドスケープ 鳥越けい子著
230 風景のコスモロジー 吉村元男著
231 庭園から都市へ 材野博司著
232 都市・住宅論 東孝光著
233 ふれあい空間のデザイン 清水忠男著
234 さあ横になって食べよう B・ルドフスキー著 多田道太郎監修
235 間(ま)――日本建築の意匠 神代雄一郎著
236 都市デザイン J・バーネット著 兼田敏之訳
237 建築家・吉田鉄郎の『日本の住宅』 吉田鉄郎著
238 建築家・吉田鉄郎の『日本の建築』 吉田鉄郎著
239 建築家・吉田鉄郎の『日本の庭園』 吉田鉄郎著
240 建築史の基礎概念 P・フランクル著 香山壽夫監訳
241 アーツ・アンド・クラフツの建築 片木篤著
242 ミース再考 K・フランプトン他著 澤村明＋EAT訳
243 歴史と風土の中で 山本学治建築論集①
244 造型と構造と 山本学治建築論集②
245 創造するこころ 山本学治建築論集③
246 アントニン・レーモンドの建築 三沢浩著
247 神殿か獄舎か 長谷川堯著
248 ルイス・カーン建築論集 ルイス・カーン著 前田忠直編訳
249 映画に見る近代建築 D・アルブレヒト著 萩正勝訳
250 様式の上にあれ 村野藤吾著作選
251 コラージュ・シティ C・ロウ、F・コッター著 渡辺真理著
252 記憶に残る場所 D・リンドン、C・W・ムーア著 有岡孝訳
253 エスノ・アーキテクチュア 太田邦夫著
254 時間の中の都市 K・リンチ著 東京大学大谷幸夫研究室訳
255 建築十字軍 ル・コルビュジエ著 井田安弘訳
256 機能主義理論の系譜 E・R・デ・ザーコ著 山本学治他訳
257 都市の原理 J・ジェイコブズ著 中江利忠他訳
258 建物のあいだのアクティビティ J・ゲール著 北原理雄訳
259 人間主義の建築 G・スコット著 邉見浩久、坂牛卓監訳
260 環境としての建築 R・バンハム著 堀江悟郎訳
261 パタン・ランゲージによる住宅の生産 C・アレグザンダー他著 中埜博監訳
262 褐色の三十年 L・マンフォード著 富岡義人訳
263 形の合成に関するノート／都市はツリーではない C・アレグザンダー著 稲葉武司、押野見邦英訳
264 建築美の世界 井上充夫著
265 劇場空間の源流 本杉省三著
266 日本の近代住宅 内田青藏著
267 個室の計画学 黒沢隆著
268 メタル建築史 難波和彦著
269 丹下健三と都市 豊川斎赫著
270 時のかたち G・クブラー著 中谷礼仁他訳
271 アーバニズムのいま 槇文彦著